日韓が和解する日

両国が共に歩める道がある

まえがき

日韓関係はこのままずるずると悪化を続けるのか。それともいつの日か、日本と韓国が和解する時は来るのか。

その答えは人によって異なると思われる。もう和解など必要ないという人もおられよう。しかし立場はどうであれ、お互い引っ越しのできない隣同士で、これだけ緊密な関係にある両国であるから、現在のように関係がどんどん悪化し、気持ちがささくれ立つのを放置しておきたくないことには、おおかたの同意が得られるのではないだろうか。本書は、両国が和解する日が来るとして、そのために何が必要なのか、どんな接近方法が求められるのかを、筆者なりに探ったものである。多くの人に目を通してほしいと思う。

ただし、本書を買おうかどうか迷っている方に対し、礼儀として最初にお伝えしておく。本書は二種類の考え方を持つ人には不向きであり、買っていただく必要はない。おカネを払って気分を害するだけになるからだ。

二種類のうちの一つは、日韓関係がこじれている原因はすべて日本のかつての植民地支配を反省しない現在の日本政府にあり、被害国である韓国に対する批判はどんなものであれ許されず、日本は韓国の主張に全面的に従うべきだというものである。もう一つの考え方とは、逆に、日本の植民地支配も戦後の責任の取り方も非の打ち所のないものであって、韓国の主張はすべて間違っており、日韓関係の断絶も辞さないというものである。ベクトルは違っても極端な考え方に固執していては、そもそも和解のための議論は成立しない。

▽双方の主張に道理があると考えてみたら

日韓関係は戦後最悪の局面を迎えていると言われる。確かに、徴用工問題、慰安婦問題、レーダー照射問題、輸出規制問題をめぐる日韓の対立は激しく、深い。和解の本を書こうとしている筆者とて、ときに、「いい加減にしてくれよ」と言いたくなることもある。

これだけの対立が生まれるのは、それぞれの国民の多数が、自国の主張を正しいと考え、相手国の主張を間違いだと捉えているからだ。目の前にある問題は同じなのに、なぜ住んでいる国が違うとそんなことになるのか。

政府による世論誘導などがあって、国民多数が間違った主張を信じ切ってしまう場合は時としである。戦争のような局面ではよくあることだ。今回の場合も、そういう要素がないとは言わない。しかし、戦争が起きているわけでもないし、北朝鮮とは異なって言論の自由が存在する日韓両国で、ほとんどの国民が間違った考えで一色に染め上げられるなどあり得ないことだ。

それならば、相手国の国民がその国の政府の主張を支持するのには、それなりの根拠があると考えるべきではないのか。これは日本の読者に対してだけ、韓国の主張にも根拠があると考えてみようと述べているわけではない。韓国の人々に対しても、日本の国民多数が韓国の主張に憤慨し、自国政府の主張を支持しているのには、ちゃんとした根拠があると捉えてほしいとも諭しているのである。お互いに、たとえ愉快に受け止められないにしても、その現実に目を向けるべきだと述べているのである。

お互いの主張に根拠があるということは、全面的か部分的かは別にして、どちらの主張にも正しさがあることになる。正しい主張同士が対立しているということだ。ということは、同じ問題をめぐって二つの回答が存在することになり、真理は一つしかないという「科学」の観点からは矛盾していると言う人が出てくるかもしれない。

けれども、これから論じていくように、国際法の世界において植民地支配がかつては合法だったが現在は違法だとされていること一つとってみても、この問題をめぐる正しさを固定的、絶対的なものと考えると間違うことになる。両国国民の認識の断絶には必然的なものがあるのだ。相手の主張にも根拠があるかもしれないという謙虚さを持たないと、この激しい対立を冷静に乗り越えることはできない。

本書の論述は、矛盾する真理の間を行き来するため、心地よく響いている言葉が突然反転し、不快感を与える言葉になるようなことを繰り返すかもしれない。しかし、そうなるのは、問題の複雑な性格から来るものであることを理解し、最後まで付き合ってほしい。

∇将来に悲観的していない理由

さて、複雑な日韓関係ではあるが、じつは筆者は、それほど将来を悲観的に見ているわけではない。理由はいろいろあるが、とりあえず二つのことをあげておこう。

一つは、日韓の衝突は政治の分野で起きており、それが国民レベルでの交流にも否定的影響を与えているが、まだ取りかえしのつかないものとはなっていないことである。韓流のドラマや芸能人に対する日本人の傾倒は定着した感があるし、韓国では不買運動も起きているがそれを諫める声もある。両国の人々は、政治の争いを他人事でないと感じつつも、「国交断絶」などの過激な言葉に与しているわけではない。日本でも韓国を敵にするなという世論も根強い。事と次第によれば、「政治とは別」と言っていられないような局面が訪れる可能性ははらんでいるが、国民レベルの関係が現状程度であれば、対立する問題での冷静な議論も可能なはずだ。

もう一つは、これだけの対立が起きている背景を考えると、大きな意味で捉えれば、政治が前向きな方向に変化しつつある中での出来事だとわかるからである。何かと言えば、北朝鮮問題をめぐる変化が起きていることだ。

日本人が韓国の主張や行為にいらいらする理由の一つに、「北朝鮮の核・ミサイル問題が脅威なのに韓国政府は北朝鮮の代弁者になっている」という感情がある。北朝鮮を脅威と捉え、それに対して日米韓が結束する――。それは戦後七〇年余の間、三か国にとって自明の原理のようなものであった。そういう感情が日本人には継続しているのだ。

しかし、多くの人が感じているように、韓国政府は、すでにそのような考え方に立っていない。北朝鮮を脅威と捉えているようではないし、日本の植民地支配の責任を曖昧にするくらいなら、北朝鮮との友好を優先しようとしているみたいである。

一方、韓国ほどではないにせよ、日本の日米韓結束についての考え方も、じつは以前とは変化している。それを最初に浮き彫りにしたのは、韓国軍による自衛隊への管制レーダー照射問題が起こると、日本側がそれを率先して公表したことである。北朝鮮に対する脅威を前に日米韓の結束が優先だという考え方に囚われていたら、そういう態度はとれない。北朝鮮にさとられないよう、あくまで隠密理にことを収束させるように努力したはずである。最近、輸出管理をめぐって韓国に対する優遇を止めた理由が「安全保障」であったのも、結局、安全保障をめぐる結束が以前ほど必要ないと日本政府がみなしたということである。

北朝鮮の脅威とは、それを否定できないにせよ、もはやかつてのようなものではなくなっている。だからこそ、これまでは隠そうとしてきた対立が、ようやく出現してきている。現状をあらわすとそう言えるのではなかろうか。

別の角度で言うと、日本と韓国は、両国関係を正常なものにするための議論を、ようやくできる時代に入ったということである。七〇年余も無理に隠されてきた問題だから、その議論が簡単に決着することはない。けれども、そういう見地に立って、この問題には鷹揚に臨みたいと考えるのである。

▽徴用工という用語について

なお、本書では世間一般に流布している徴用工という用語を使うが、よく知られているように、一九三七年に発せられた徴用令が朝鮮人に適用されたのは四四年になってからである。それ以前の朝鮮人の日本内地への移動は「募集」とか「官斡旋」と呼ばれる方式で行われていた。そうやって日本にきた労働者についてまで、強制を含意する「徴用工」という用語を使うことに対して、一部から批判が寄せられよう。

しかし、朝鮮人の徴用が日本人と比べて遅れたのは、日本政府が朝鮮人を強制することに躊躇したり、ましてや配慮したからではない。徴用というのは、強制されるという性格を持つものであるが故に、賃金や家族に対する特別な対価も不可欠なことだと考えられていた。けれども、朝鮮人を必要としたのは、日本人なら徴用先にならない炭鉱などの過酷な労働現場であって、朝鮮人の日本定着を怖れて家族の呼び寄せもできないなど、徴用に見合う対価を与えられなかったのだ。終戦間近になり、日本人の徴用にも対価を与えられなくなった段階で、朝鮮人の徴用を留保する理由もなくなった。言い換えると、法的に厳格な意味で徴用された人数が少なかったことにこそ、多くの日本人と異なり何の対価もなく過酷な労働現場に投入された朝鮮人が直面した苦難が表現されているのである。

さらに、徴用工裁判と呼ばれるが、後述するようにそこで問題になっているのは、労働の実態が過酷だったということであって、意外に思われるかもしれないが、原告が強制的に徴用されたということではない。どの方式で日本にやってきたかで彼らを区別することは、今回の裁判にかかわる問題を論じるにあたって不可欠ではないというより、適切ではないのである。そういう判断で徴用工の用語を使っていることを理解していただきたい。

もくじ▽日韓が和解する日——両国が共に歩める道がある

第一章

日韓断絶を読み解く

こういう喩《たと》えは現在を生きる人にはわかりにくいかもしれないが、二〇一七年の韓国における文在寅大統領の出現は、かつての社会主義政権の誕生と似ていると感じる。文在寅からちょうど一〇〇年前の一九一七年にロシア革命を成功させたレーニンは、第二章で述べるように、外交においても内政においても、当時の国際常識とはまったく異なる道を進みはじめた。例えば、当時の列強の外交政策は秘密主義を重要な要素としており、植民地をどう分割するかなどについて、現地の人々には知らせず、列強同士が秘密文書で取り決めるのが通例であった。しかしレーニンは、旧政府の金庫に眠っていた外交文書を探り、有名なサイクス・ピコ協定[注1]を暴露するなど、当時の国際法・国際政治を無視したのである。世界中からバッシングを受け、孤立したのは言うまでもない。

文在寅大統領の主張と行動も、立脚点は現在通用している国際政治や国際法の常識ではなく、韓国市民の主張や要求にあると思われる。その言葉は先進的市民活動家には通じても、現在の国際法の考え方からかけ離れている。そのため「市民の言うことをそのまま外交の場に持ち込む素人」と批判されるし、日本政府からも「国際法を遵守せよ」と求められているわけだ。相手にしているのが日本だけだから目立たないが、植民地支配に関する韓国大法院（最高裁判所に当たる）判決の立場は、かつて植民地支配の主流を占めていた欧米諸国とも正面から衝突する性格のものである。

ただし、植民地を解放せよというレーニンの主張と行動は、現在、世界の常識になっている。だからといって文在寅の主張もやがてそうなると断定するものではないが、ただただ無視して相手にしないというのでは、そのうちしっぺ返しがあるかもしれない。

その可能性は第二章で論じるが、本章ではまず日韓の主張はどこで断絶しているのか、なぜそうなっているのかを押さえておきたい。そこでおおかたの了解がないと議論を先に進められないからである。失敗した社会主義の再来が文在寅大統領なら将来性がないと確信する方は安心して、市民運動や社会主義や左翼の再生を願っている人は少しの希望を持って、とりあえずは読み進めていただければ幸いである。

1、断絶の核心は「違法性」の評価

▽違法行為の認定は重大な問題だから

日韓の対立と抗争の根底にあるのは、植民地支配とその時代における日本の行為をどう評価するのかをめぐり、両国の認識が大きく食い違うことである。一方の韓国側は、それらを単に許されない行為だったというに止まらず、日本国家による違法（法律に違反した）行為、あるいは犯罪行為であり、何十年が経過しようとも償うべきものとみなしている。他方の日本側は、現在の世界で同じような行為を他国、他国民に対して行えば違法になることは認めつつも、日本が朝鮮半島を支配した当時からそれが違法行為、犯罪行為だったという認識は拒否しているわけだ。

人が犯すにせよ国家が犯すにせよ、犯罪行為となれば大変なことである。日本側からは「何回謝れば済むのか」という声がよく聞かれるが、もし韓国側が本当に重大な犯罪の被害者というのであれば、日本側が多少謝罪しても生涯許すことができないという感情が生まれることはわかるのではないか。日本で死刑制度廃止に賛成が広がらないのも、重大犯罪の被害者の感情を国民多数が理解できるからだ。

他方、被害を与えたとされる側にとってみれば、犯罪者とまで認定されることは、人や国家の存在基盤を揺るがす問題だ。ましてや、重大な犯罪行為であれば、死刑や無期懲役も免れない行為の加害者とされるのであって（実際に東京裁判などではそういう判決が下された）、「被害者の言う通りです」と認めるのはそう簡単ではない。この問題をめぐってお互いが容易に譲り合えないのは自然なことなのである。

本書では、まさにその認識の違いを埋める努力をしようとするのであるが、最初から直接に違法性の問題を論じ、評価まで加えようとすると、自分と異なる考え方の箇所だけが目について、嫌気がさしてくるだろう。そこで評価に関わる問題は第二章で論じることとし、本章の第一節では、この問題でお互いがどういう主張をしているか、事実関係を整理しておきたい（どういう事実を取り上げるかは評価に関わるので難しいことは承知している）。頭が熱くなっていると往々にして気づかないのだが、両国の主張はすべて水と油のように対立しているのではなく、「へえ、ここまでは認め合えるのだ」と思えるものもあるのだから。

∇日韓条約に異議を唱えた韓国大法院判決

日韓関係においてこの問題をこれまで規律してきたのは、一九六五年に日韓が合意した二つの基本文書、すなわち日韓基本条約（正式には「日本国と大韓民国との間の基本関係に関する条約」）と請求権協定（同じく「財産及び請求権に関する問題の解決並びに経済協力に関する日本国と大韓民国との間の協定」）である。よく知られているように、この協定では、日本は韓国に対して五億ドル（有償二億ドル、無償三億ドル）を支払うこと（第一条）、それによって「両国間の請求権に関する問題」は、「完全かつ最終的に解決されたこと」（第二条）、「この協定の解釈及び実施に関する両締約国の紛争は、まず、外交上の経路を通じて解決」し、解決しない場合は「仲裁委員会の決定に服する」こと（第三条）などを確認した。

一方、植民地支配の違法性の問題では、平行した日韓基本条約の議論の過程で日韓の主張が鋭く対立し、お互いが完全に納得する解決にはならなかった。植民地支配を決定づけた日韓併合条約などについて、韓国側は「無効である（null and void）ことが確認される」という文面にすることを求めたが日本側は応じず、最終的には「もはや無効である（already null and void）ことが確認される」にとどまったのである。韓国側はこれを「支配が開始された当時から無効なものだった」、すなわち植民地支配は違法だったと解釈し、日本側は「（already という言葉が入ったことにより）この条約をもって無効となった（当時は合法だった）」と解釈することにした。要するにあいまいなままで決着させたのである。現在に至る紛争の火種を残したままの決着だったと言える。

新日鉄住金事件に関する判決に始まる徴用工問題に関する韓国大法院判決（二〇一八年一〇月三〇日）の考え方は、一言で言えば、植民地支配の違法性に関してあいまいだった日韓条約と請求権協定への挑戦である。この条約や協定は間違っていると述べているに等しい。その点では、それを間違っていないと考える日本政府が、韓国政府に対して「国際条約に違反する現状を放置するな」と求めるのは当然だと言える。韓国政府としては、条約を結んだ当事者なのだから、大法院判決のこの部分を政府としては正しいと思うのか、間違っていると思うのか、口をつぐんだままではいけない。

そこでまず、この大法院判決の論理を分析してみよう（判決文日本語訳は訳語を統一した山本晴太弁護士がウェブ上で公開しているものを使わせていただいている）。新日鉄住金事件に続き、他の事件でも判決が出されているが、論理は同じなので、分析するにはこの一つだけで事足りる。

▽韓国側がこれまでは賠償を限定していた

それにしても、日本の韓国に対する植民地支配は、現時点から見れば一〇〇年以上前に始まり、七〇数年前に終結した行為である。普通の法治国家では、いくら違法行為が過去にあったとしても、それだけの時間が経てば時効とされる。それなのに、過去の行為を単に「違法」と政治的に認定するだけでなく、「賠償」まで求めて罪を償わせようというわけだから、それなりに納得できる論理が提示されなければならない。

実際、これまで韓国側としても、例えば三・一独立運動弾圧の被害者なども含め、日本統治下のすべての「違法」行為への賠償を求めてきたわけではない。一九九〇年代まで、韓国側が賠償が必要なほどの違法行為として指摘していたのは、三つの問題だけであった。慰安婦問題と韓国人原爆被害者の問題、[注2]サハリンに残留することになった韓国人の問題である。[注3]徴用工問題は含まれていなかった。

では、なぜ韓国側は当時、この三つだけを賠償の対象としたのか。徴用工問題をそこから外したのはなぜか。韓国の大法院判決で要旨が引用されている二〇〇五年（八月二六日）に公表された「韓日会談文書公開後続対策関連民官共同委員会声明」というタイトルの文書を見ると、それがわかる。以下のような内容であった。

「請求権協定は日本の植民地賠償を請求するための協定ではなく、サンフランシスコ条約第四条[注4]に基づき韓日両国間の財政的・民事的債権・債務関係を解決するためのものであり、日本軍慰安婦問題等、日本政府と軍隊等の日本国家権力が関与した反人道的不法行為については請求権協定で解決されたものとみなすことはできず、日本政府の法的責任が残っており、サハリン同胞問題と原爆被害者問題も請求権協定の対象に含まれなかった」

▽以前から人道上の問題は置き去りにされたという認識

ここには二つの根拠が提示されている。それぞれ解説しておこう。

一つはこれら三つの行為が「反人道的不法行為」だという根拠である。「不法＝違法」だというだけでなく「反人道的」だという認識である。これは賠償の根拠となり得る考え方だ。日本側も慰安婦問題を人道上の問題であるとは認めてきたし、人道犯罪に時効はないという条約（「戦争犯罪および人道に対する罪に対する法令上の時効不適用に関する条約」）も存在しているからだ。慰安婦問題が人道上の「犯罪」なのかとか、時効不適用条約がそれほど普遍的なものかという議論はあるし（別の章で取り上げる）、日本側が「解決済み」としてきたのは、そうであっても請求権協定で解決したという根拠があるからだが、韓国側もまったく無根拠な主張をしたわけではないことは理解できるだろう。

もう一つの韓国側の根拠は、請求権協定の性格から来ることである。請求権協定というのは、その言葉の通り、財産上の問題である請求権を解決するための協定であって、人道上の問題は対象となっていないということである。

少し敷衍《ふえん》して論じよう。協定をつくるにあたって、そのタイトルをどうするかは大事な問題であった。日本は戦後、東南アジアのいくつかの国とは「賠償」協定を結んだが、韓国との間では「請求権」協定という言葉に固執した。それは、「賠償」は通常、違法行為に対する補償を意味するからである。韓国との間で「賠償」の言葉を使うと、日本の植民地支配が違法だったということとになりかねなかったので、賠償の用語を求める韓国側を押し切ったわけである。

二〇〇五年の韓国の「声明」は、その経過を逆手にとったものと言える。日本側の求めで請求権協定では財産上の問題しか解決しなかったのだから、人道上の問題は置き去りにされたということである。それを日本も認めよということだったのだ。

しかしいずれにせよ、慰安婦問題をめぐって問題になってきたのは、個々の行為の違法性である。植民地支配そのものの違法性という今回の大法院判決の論理はどこにも顔を出していない。日韓基本条約締結以降も、韓国国民の中では植民地支配の違法性を問う声は大きく、国会でも違法性を確認するための議論が行われたことがあった。しかし、国家が結んだ条約のことであるから、政府機関が正面切って「間違っている」とは言えなかったのであろう。

▽韓国も日本の支払いは徴用工にも当てられる性格のものと認識

ところで、九〇年代以降、それだけ慰安婦のことが問題になったのに、なぜ韓国側は徴用工に対する補償は求めなかったのだろうか。徴用工は「反人道的不法行為」の被害者ではないという認識だったのか。

そうではない。今回の大法院判決でも、徴用工について「反人道的不法行為」という同じ言い方をしている。しかし当時、徴用工問題で賠償を求めることは、二つの点からそう簡単なことではなかった。

一つは、日韓基本条約の締結過程で徴用工問題は議論され（慰安婦問題は議題になっていない）、日本側が無償三億ドルを供与することになったが、それが徴用工への補償に当てられる原資ともなることは明白だったからである。大法院判決も以下のように述べてそれを認めている。

「大韓民国は第一次韓日会談当時『韓・日間財産及び請求権協定要綱八項目』[注5]（以下、「八項目」という）を提示した。八項目中の第五項は『韓国法人または韓国自然人の日本銀行券、被徴用韓国人の未収金、補償金及びその他請求権の弁済請求』である。その後七回の本会議……などを経て、日韓基本条約と請求権協定などが締結された」

韓国側が「被徴用韓国人の……請求権」を求め、それをふまえた議論の末、日本側が三億ドル（残り二億ドルは円借款でありインフラ整備に使われた）を支払うことになったということだ。それを韓国側も認めているのである。大法院判決はさらに、日本が過去に支払った三億ドルについて、「請求権、強制動員被害補償問題解決の性格の資金等が包括的に勘案されたと見なければならない」として、個人の請求権問題を「包括的に勘案」したものだと率直に認めている。事実上、請求権協定が想定する個人の請求権は果たされたというに等しい。

▽実際に徴用工に支払われたことも大法院は認定

しかも、その資金が韓国内で徴用工に支払われなかったならともかく、徴用工に対しては韓国政府から補償が実際に行われてきた。日本人には信じられないかもしれないが、韓国側も（大法院判決も）、徴用工がこれまで、請求権協定に基づいて各種の支払いを受けてきたことは率直に認めている。韓国側の世論の中にも、日本の一部の世論の中にも、「これまで日本は徴用工に一円も補償していない」という議論があるが、韓国大法院はそれを明確に否定しているのだ。

判決はまず、請求権協定にもとづき各種の法律が整備されたことを紹介する。一九六六年の「請求権資金法」、七一年の「請求権申告法」である。その上で、実際に補償を行うため、七四年に「請求権補償法」がつくられたのだが、それによって九一億八七六九万三〇〇〇ウォン（約一億円、無償資金三億ドルの九・七％）が支払われたとする。そのうち、この時点で死亡していた徴用工に対する補償は、八五五二件に対して一人あたり三〇万ウォンだ。

額は少ない。そのためか、徴用工は、慰安婦に続いて日本で裁判を起こすことになる。結局すべて敗訴することになるのだが、その過程で、韓国政府は、徴用工等に対するかつての補償が不十分であったことを認め、先ほど引用した二〇〇五年の「声明」を発する。そして、韓国みずから「太平洋戦争戦後国外強制動員犠牲者等支援に関する法律（「二〇〇七年犠牲者支援法」）をつくり、死亡したり行方不明になった徴用工に対しては一人あたり二〇〇〇万ウォン（二〇〇万円）、負傷したりして障害を持った人にはそれ以下の補償を行うこととした。

それだけではない。徴用されたにもかかわらず、賃金の支払いを受けなかったとされる人々も少なくなく、不満が広く渦巻いていた。そういう人々とその遺族に対しても、受け取れなかった徴用中の賃金一円を二〇〇〇ウォンに換算した額を支払うことを決めたのである。なおその後、「二〇一〇年犠牲者支援法」がつくられているが、これはサハリン残留者への支援を目的にしている。

∇なぜ今回の賠償請求に至ったのか

こうして、韓国大法院の論理によっても、日本が支払った三億ドルは「（徴用工の請求権を）包括的に勘案した」ものであり、実際に徴用工に対する支払も行われた。判決のあと、「それでも個人の請求権は残っている」とする議論があったが、判決は事実上、そういう議論を否定したようなものだ。

それなのに大法院はなぜ今回、日本企業に対して新たな補償を求める判決を下したのか。根拠をどこに求めたのか。

徴用工の中には、これまでの補償では少ないという気持ちがあると思われる。昨年（二〇一八年）の日経新聞電子版は、「元徴用工ら集団訴訟を計画　韓国政府を相手に」として、以下のような記事を配信している（一二月一八日付）。

「戦時中に日本企業に徴用されたとする韓国人とその遺族が、韓国政府を相手取った補償金支払いを求める訴訟を計画していることが分かった。弁護団が二〇日にソウルで記者会見する。一九六五年の日韓請求権協定で日本政府から三億ドルの無償支援を受け取った韓国政府に補償責任があるとして、一人当たり一億ウォン（約一〇〇〇万円）を求める原告団を構成するとしている」

大法院判決が認めたのは、こういうものとは性格が異なる。額が少ないというのではなく、請求権協定で支払われたものに加えて、別の性格の補償が必要だという論理である。判決の該当箇所を引用してみよう。

「原告らが主張する被告に対する損害賠償請求権は、請求権協定の対象に含まれるとはいえない。その理由は以下の通りである。

（1）まず、本件で問題となる原告らの損害賠償請求権は当時の日本政府の韓半島に対する不法な植民支配および侵略戦争の遂行と直結した日本企業の反人道的不法行為を前提とする強制動員被害者の日本企業に対する慰謝料請求権であるという点を明確にしておかなければならない。原告らは被告に対して未払い賃金や補償金を請求しているのではなく、上記のような慰謝料を請求しているのである」

∇「植民地支配と直結」しているから賠償という新しい論理

「反人道的不法行為」と位置づける点では慰安婦問題と同じである。しかし、慰安婦問題が浮上した際、同じ「反人道的不法行為」である徴用工問題は、補償の対象とはみなされなかった。前述の通り、請求権協定の対象に含まれていることは明白だったし、実際の各種の補償も行われてきたからだ。これまでと同じ論理では、徴用工に対して新たな補償をさせるだけの説得力を持たない。

そこで大法院が行き着いたのが、これまでとはまったく異なる論理であった。その「反人道的不法行為」が「違法な植民地支配と直結」しているから補償しなければならないというのである。この間、請求権協定にもとづいて支払われてきたのは未払い賃金などであって、その意味での個人請求権は事実上消滅しているが、違法な植民地支配に関わる賠償請求権は残っているというのである。

これは、請求権協定は財産上の問題を解決するためのもので、日本の違法行為に対する賠償問題を解決するものでなかったとする点で、慰安婦問題の際に使われたのと同じ論理である。日本が「賠償」という用語を拒否し、「請求権」に固執したのを逆手にとっているのである。ただし、慰安婦問題の時には、賠償すべき違法行為が三つの「反人道的違法行為」に限られていたのに対して、徴用工問題ではさらに「違法な植民地支配」と直結しているという論理と結びつけることによって、三つ以外であっても「反人道的不法行為」ならば賠償の対象とする論理を編み出したのである。

▽強制連行は大法院も問題にしていない

日本では、韓国側が賠償を求めているのは、韓国人が強制連行されて労働させられたことを理由にしていると思っている人が多い。そして、一九四四年に徴用令が韓国人に適用される以前は、そもそも徴用など存在せず、企業や政府の募集に韓国人が応じただけだと批判するわけである。徴用令についても、戦時の徴用は「当時、日本国民だった者たちに対して合法的に行われたもので、……決して強制連行や奴隷労働ではなかった」（西岡力「安部総理に教えます　韓国の無法とこう戦え」『月刊Hanada　セレクション　韓国、二つの嘘　徴用工と従軍慰安婦』所収）と述べ、「強制」であることを否定する。

しかし、現在問題になっている裁判では、「強制連行」だったかどうかは焦点になっていない。新日鉄住金事件でも、ある原告は一九四三年九月、「（旧日本製鉄の）広告をみて技術を習得して我が国で（韓国のこと――引用者）就職することができるという点にひかれて応募し、……面接して合格し、……訓練工として労役に従事した」。別の原告は四一年、「大田市長の推薦を受け報国隊として動員され、旧日本製鉄の募集担当官の引率によって日本に渡り、……労役に従事した」。もう一人の原告も四三年一月頃、「群山部（今の群山市）の指示を受けて募集され、旧日本製鉄の引率者に従って日本に渡り、労役に従事した」のである。

以上がすべてだ。判決の事実認定の部分のタイトルは「日本の韓半島侵奪と強制動員など」と、「強制動員」の言葉が使われているのに、判決本文では一人も「強制動員」の事実が認定されていないのである。原告はもしかしたら「強制的に連行された」と主張したのかもしれないが、判決ではそれは採用されていないのである。

それでも大法院が賠償を認めたのは、「非常につらい労役に従事した」などの労働実態があり（労働が「強制」的だったという認定はある）、それが「違法な植民地支配と直結」して生み出されたという判断がされたからである。この点では、徴用工に限らず、「日本の植民地支配時代における反人道的な行為の被害者だ」と主張するなら、多くの人に日本に賠償を求める可能性を開いた裁判だったとも言える。

要するに、大法院判決が日本企業に求める賠償の根拠は、すべて「植民地支配の違法性」にあるということだ。そこが証明されれば賠償は根拠があるということになるし、日本が朝鮮半島を植民地支配したことが合法だったということになれば、賠償は根拠を失うということである。大法院判決が求めるのは、あくまで「違法性」の確認なのだから、判決に真摯に対応しようとすると、日本側も「法的にどうか」という議論に対応することになって行かざるを得ない。

日本で韓国に同情的な立場の人から、いろいろ被害を与えたことは事実なのだから、日本は法的に解決済みだという立場に固執せず、「惻隠の情」で何らかの解決方法を見つけるべきだという声が聞かれる。気持は理解できる。しかし、「惻隠の情」で問題を解決しようとしても、「違法性」の問題を回避すると失敗することは、過去の経験から明らかである。それが慰安婦問題であった。

▽慰安婦問題での河野談話とアジア女性基金の仕事

九〇年代に慰安婦問題が燃え上がったとき、日本側は、いわゆる河野洋平官房長官談話（九三年）などで対応しようとした。河野談話は、「慰安所は、当時の軍の要請により設営され」、その設置、管理、慰安婦の移送は「旧日本軍が直接あるいは間接にこれに関与した」として、この問題に日本が国家として関与したことを認めた。

とくに問題になってきた募集・連行をめぐっては、一方では、「軍の要請を受けた業者が主としてこれに当たった」としたが、他方、慰安婦は「甘言、強圧」などの手段で「本人たちの意思に反して集められた事例が数多くあり」と、「強制連行」という言葉は使わなかったが、本人側の視点でそれを表現した。その上で、日本としての態度を強調したのである。

「いずれにしても、本件は、当時の軍の関与の下に、多数の女性の名誉と尊厳を深く傷つけた問題である。政府は、この機会に、改めて、その出身地のいかんを問わず、いわゆる従軍慰安婦として数多の苦痛を経験され、心身にわたり癒しがたい傷を負われたすべての方々に対し心からお詫びと反省の気持ちを申し上げる。また、そのような気持ちを我が国としてどのように表すかということについては、有識者のご意見なども徴しつつ、今後とも真剣に検討すべきものと考える」

最後のセンテンスにある「気持ちを我が国としてどのように表すか」の具体化として設置されたのが、いわゆる「アジア女性基金」（正式には「女性のためのアジア平和国民基金」）である。

九五年七月につくられ、二〇〇七年七月に解散した。

「基金」は、国民の募金で集める「償い金」を慰安婦に渡すことを目的に、閣議決定にもとづいて設置された。事務局の活動費（人件費、運営費、広報費等）は全額を税金でまかなった。韓国、フィリピン、台湾、オランダで認定された約七〇〇名の慰安婦のうち三六四名に償い金は支給された（五割強。インドネシアでは個々人を特定することへの忌避感が強く別の方式がとられた）。その際、内閣総理大臣の手紙が渡されたが、そこには「日本国の総理大臣として改めて、いわゆる従軍慰安婦として幾多の苦痛を経験され、心身にわたり癒しがたい傷を負われたすべての方々に対し、心からおわびと反省の気持ちを申しあげます」と書かれていた。それを目にして涙した元慰安婦の方も少なくなかったとされる。

▽法的責任を回避した河野談話という韓国の批判

日本が侵攻した地域全体で持ち上がった慰安婦問題は、この措置をもって解決に向かうことが想定されていた。韓国政府も当初、これで了解する方向に進んでいた。しかし、韓国で慰安婦を代表するとみなされていた挺対協（正式には「韓国挺身隊問題対策協議会」、現在は「日本軍性奴隷制問題解決のための正義記憶連帯」）が猛反対し、韓国政府もそれに追随することになる。韓国の中でも、償い金と総理大臣の手紙を受け取った人の割合は、アジア全体の平均より少ないとはいえ二〇七名中六一名にのぼったが（三割弱）、韓国では慰安婦問題は未解決の問題として残ることになる。

河野談話は、当時、日本国民の多数に好意を持って迎えられた。慰安婦問題での日本人の申し訳ないという感情をよく言い表したものだと思われた。現在、いわゆる右派的な人々からは蛇蝎《だかつ》のように嫌われているが、道理と情を兼ね備えたものだった。

それなのになぜ、韓国側には受け入れられなかったのか。その基本的な理由は、談話が慰安婦問題を日本の国家犯罪とみなさず、法的な責任を明確にしていないことにあった。筆者は五年ほど前、挺対協が設立したソウルの「戦争と女性の人権博物館」を見学したが、「河野談話は日本の法的責任を回避したもの」と強く批判するテープが流されていて、びっくりした記憶がある。また、アジア女性基金が支払った「償い金」についても、税金から拠出すべきところ、そうではなく民間の募金で済ませようとしているところに、国家の法的な責任を回避する本質があらわれているということであった。

▽日韓政府合意は法的責任の問題を熟慮したけれども

二〇一五年一二月末、日韓両国政府は、慰安婦問題での合意を結ぶ。それは、河野談話とアジア女性基金をめぐって韓国側から寄せられた批判を考慮し、克服しようとする意思を持ったものであった。

この合意では、これまで民間の基金だから政府の責任を回避しているとの批判を受けたことをふまえ、日本が拠出する一〇億円は全額が税金であった。また、合意文は「日本政府は責任を痛感している」としているが、ただ「責任」と表記したのは、「人道的責任」とすると「法的責任の回避だ」と批判されてきた過去の体験を踏まえたものだった。さらに、「安倍内閣総理大臣は、日本国の内閣総理大臣として改めて、慰安婦として数多の苦痛を経験され、心身にわたり癒しがたい傷を負われた全ての方々に対し、心からおわびと反省の気持ちを表明する」として、河野談話と同じ表現を使ってその気持ちを表現した。

この努力はそれなりに成果があったと思う。生存している慰安婦の七割が日本からの拠出金を受け取ることを表明した。日本で慰安婦に寄り添った活動を続けてきた団体の中にも、例えば「女たちの戦争と平和資料館」のように、「妥結そのものを拒否」するのではなく、「日韓政府の政治的『妥結』を、被害者が受け入れ可能な『解決』につなげる道」を探る団体もあらわれた。

しかし、韓国の挺対協は、この合意を全面的に拒否する。合意の翌月に公表された「声明」は、次のように述べている。

「日本軍『慰安婦』問題解決は、日本軍が組織的に行った軍隊性奴隷制について日本政府が犯罪事実を明確に認めることからはじまる。それに従い国家的法的責任を受け入れ履行せよという声は、まさに被害者の正当な要求である。しかし、犯罪に対する具体的な言及もなく責任認定さえあいまいな今回の合意を……受け入れることができない」

文在寅政権の発足により、この合意がくつがえされたことは、よく知られている。結局、慰安婦問題をめぐって、韓国側が提起してきたことの核心は「犯罪」と「法的責任」にあったということだ。日本側が慰安婦問題を「国家犯罪」と認め、「法的責任」を明確にしない限り、韓国側は納得しないということなのである。

▽植民地支配の違法性を回避した解決策はあり得ない

徴用工の問題をめぐって、日本と韓国の企業による共同の財団構想が、日本と韓国の双方から出ているとされる。しかし、慰安婦問題で「国家犯罪」と「法的責任」を回避した解決策が破綻したように、「植民地支配の違法性」をあいまいにしたやり方は、結局、崩れ去っていくことになるだろう。

解決策は三つしかない。韓国が「植民地支配は違法だった」という主張を撤回するか、日本側が「植民地支配は合法だった」という考え方を撤回するか、それともお互いを結びつけるような新たな手法を見いだすか、そのうちのいずれかである。

第二章以降でそれを提示するが、その前にさらに、日韓断絶の背景と原因を探っておかねばならない。なぜ日本と韓国で植民地支配に関する認識の違いが生まれるのか、その事情がわからないと問題の深層を理解できないからである。

2、認識の齟齬を生んだ戦後史

植民地支配とその時代における日本の行為の評価をめぐり、両国の認識が食い違うことを見てきた。次に、なぜそれほどまでの違いが出ているのかを、両国の戦後史をさかのぼることによって明らかにしたい。相手の認識に賛同できるかどうかは別にして、なぜ相手がそう思うのかをわかっておくことは、相互の理解と討論に役立つからである。

▽隣国を支配することが生み出す亀裂

日本の朝鮮半島に対する植民地支配は、後付けの理屈になるのかもしれないが、他の国の植民地問題と比べ問題になる性格を持っていた。なぜなら、何千年もの間、戦争もしたけれども共存してきた隣国に対する支配だったからである。

これは、ヨーロッパを例にとると、ドイツとフランスの間で植民地問題が起きるようなものであった。ドイツもフランスも、千数百年もの間、戦争と衝突は絶えなかったけれども、お互いが切磋琢磨して国家をつくり、発展させてきた。戦争して勝利すれば特定地域を併合したり、賠償金を取ったりはしたが、相手をまるごと支配することなどしなかった。そういうことは想像さえできなかったであろう。隣国とはそういうものである。

もちろん例外はある。例えばイギリスのアイルランド支配である。しかしそれが、日本と韓国の関係と同様、いまに至る重大な亀裂を生み出したことは広く知られている。イギリスが長くＩＲＡによるテロに悩まされてきたこともその一つだ。現在、イギリスのＥＵ離脱をめぐって足かせとなっているのも、北アイルランドとアイルランドとの国境管理をめぐる問題であり、詳述はしないが、もともとはアイルランド領であった北アイルランドの経済を、ＥＵ離脱後はイギリスと一体のものとするのか、あるいはアイルランドも含めヨーロッパに開かれたものにするかの対立である。一八〇一年に隣国を支配したツケが、二〇〇年の時を超えてイギリスを悩ませているのである。

いずれにせよ、ヨーロッパ主導の国際法の考え方からしても、隣国に対する支配が許されるかは微妙な問題をはらんでいた。しかし、ヨーロッパ諸国にとっては、朝鮮半島は（日本もだが）、植民地としての資格を十分に持っていた。そこを自分が支配すれば合法で、日本が支配すれば違法だという理屈は成り立たず、欧米列強は日本の支配を合法だと認めることになる。

しかし、欧米諸国がどう考えようと、日本がそうして良かったかは別問題である。朝鮮半島の人々にとっても別問題である。法的には説明がついても、長年の友邦に支配されたことが人々にもたらした感情は特別のものだったはずである。戦後、この問題が一向に解決しない原点が、ここに存在する。

▽植民地支配の終焉の仕方も喪失感をもたらした

そうはいっても、植民地支配の終焉が他の植民地と似たようなものだったら、問題をここまで引きずることはなかったかもしれない。ところが、日本の朝鮮半島支配に特殊性があったのと同様、その終わりかたも独自のものであったことが、複雑さを増幅することになる。

通常、宗主国がみずから植民地を手放すことはない。だから、植民地の多くは、独立国家をつくるために、まさに血みどろの戦いを余儀なくされる。宗主国を敗北させ、追いだすために、何年、何十年もの間、命をかけた戦い、すなわち戦争を行うのである。

そこには被害がつきまとうが、大事なことは、その結果、植民地の人々は「勝利者」になるということだ。支配されていた時代の苦しみや被害を忘れることはないにしても、支配・被支配関係から自分の力で抜け出し、支配されていたという屈辱感から解放されるのである。

けれども、日本による朝鮮半島支配の終焉、あるいは朝鮮半島の人々にとっての解放は、一九四五年八月一五日、突然に訪れることになった。一九一九年の三・一独立運動のあと、一部の人々は上海で李承晩を首班として「大韓民国臨時政府」を組織していたが、李の免職後に国務総理を務めた金九《キムグ》は、解放の日を次のような危惧を持って迎えることになる。

「これは、わたしにとっては、嬉しいニュースというよりは、天が崩れるような感じのことだった。……心配だったのは、われわれがこの戦争でなんの役割も果たしていないために、将来の国際関係においての発言権が弱くなるだろうということだった」(『白凡逸志——金九自叙伝』東洋文庫)

韓国の解放は国民に勝利の実感をもたらさなかった。さらに金九が懸念した通り、戦後における韓国の発言権は弱いものになった。第一節で指摘したように、日本は東南アジアの一部の国とは「賠償協定」を結んだが、韓国との間では「請求権協定」で済ませたのも、その一つの反映である。

▽賠償を求める主体として認められなかった韓国

韓国は、そもそもサンフランシスコ講和会議への参加を認められず、賠償を要求する場さえ与えられなかった。その論理は、「韓国は日本の一部であって、日本と戦争していなかったから」というものであった。

形式的に言えばその通りである。けれども、例えばフランスにしても、大戦中はドイツに支配されていて、ノルマンジー上陸作戦などを通じて連合国に解放してもらったわけであり、韓国と似たような地位にあったと言えないこともない。それなのにフランスは、連合国の一員として数えられ、連合国主導でつくられた国際連合では安保理常任理事国のメンバーにまで登り詰めている。それはなぜかと言えば、イギリスに亡命したドゴールが「自由フランス」を名乗り、当初はフランス本土での軍事行動まではできなかったが、アルジェリアなど植民地の多くを味方につけ、最後はノルマンジー上陸作戦において連合国の一員として部隊を派遣するところまで力をつけることができたからである。

韓国もまた、上海に臨時政府をつくり、第二次大戦が開始されると、フランスと同様、連合国の一員になりたいと申し出た。しかしアメリカがそれに反対して実現しなかった。サンフランシスコ講和会議への参加を認めなかったのもアメリカである。そこにある理屈は、韓国が上海に亡命政府をつくったが、日本軍と実質的な戦争をできなかったという点で、フランスとは違いがあったことだ。

けれども、連合国として認められた国の中には、戦争の実態はなく宣戦布告しただけの国もある。戦域から遠く離れた中南米のエクアドルやパラグアイなどが代表例だ。それらの国と韓国を隔てるのは、植民地だったかどうかの違いである。戦争の実態のない韓国を連合国として認め、講和会議に参加させるとなれば、植民地の地位を向上させることになりかねず、欧米諸国の植民地支配の正統性も問われかねないという事情があったことも現実なのである。日本の戦争犯罪を裁いた東京裁判においても、植民地支配の問題は当然のこととして日本の罪の要因とはされなかった。

こうして韓国は、日本に違法性を認めさせる絶好の機会を失うことになる。サンフランシスコ会議で合意された平和条約は、第二条で日本が朝鮮半島を放棄することを規定した上で、「(第二条地域に対する）日本国及びその国民の請求権」も、また「(第二条地域の）当局及び住民の請求権」も、「日本国とこれらの当局との間の特別取極の主題とする」（第四条）とした。つまり、日本と朝鮮半島との間の問題は賠償ではなく請求権の問題であること、朝鮮半島の当局と住民だけでなく日本側にも請求権が存在していることを確認したのであった。

この考え方を韓国がくつがえそうとすると、「特別取極」をつくるための日本との二国間の条約交渉の場しかなかったし、尋常でない努力が不可欠であった。しかし、戦後のこの地域における国際関係はそれを許さないものとなる。

∇共産主義に対する「槍」の韓国、「盾」の日本

戦後のこの地域における国際関係といっても、詳細な解説は不要だろう。一九四五年、朝鮮半島は南部がアメリカに、北部がソ連に占領されたものの、当初は国連の信託統治領[注6]になる予定だった。しかし、米ソの冷戦は朝鮮半島にも影響を及ぼし、結局、信託統治は現実味を失い、アメリカとソ連をそれぞれ後ろ盾とする分断国家をつくるのが既成事実となっていく。中国では共産党が政権の座につこうとしていた（政権奪取は四九年）。

こうして、アジアにおいても共産主義との対決がアメリカにとって最優先の課題になる中で、日本と朝鮮半島は独自の役割を期待されるようになる。まず日本について言えば、「反共の防壁」（当時のロイヤル陸軍長官の演説）と位置づけられる。さらに朝鮮半島南部は、共産主義と目の前で対峙する特別な場所となり、日本の役割との対比で言うと「反共の最前線基地」のようなものとなっていく。日本が「盾」だとすると韓国は「槍」である。こうして四八年、朝鮮民主主義人民共和国（北朝鮮）建国に続き、大韓民国が成立するのである。

最前線から離れた後方にある「盾」の日本は、その役割を果たす限り、多少の自由や民主主義は許された。しかし、常に「槍」を研ぎ澄まさなければならない韓国では、あらゆることが「反共」に従属することになる。朝鮮半島の人々にとっては、通常ならば、三七年間の植民地支配の責任をどう日本に果たさせるかが第一義的な課題となるはずであったが、韓国が日本にそれを求めるようでは「槍」と「盾」が連携できなくなるので、御法度である。ましてや共産主義を許容するような幅広い民主主義の確立などあり得なかった。

こうして韓国は「反共」と「独裁」が密接に結びついた国家となる。その上、北朝鮮が韓国を侵略し（五〇年）、それに米中が介入してあまりにも大規模な犠牲が生まれたことは、韓国とその国民にとっても、共産主義との対決こそが何よりも最優先と捉える状況を固定化することになる。韓国では、日本の植民地支配を多少でも問題にするような左派や民族派の政治家は、最初はアメリカによって、国家成立後は自国政府によって、激しい弾圧を受ける時代が到来するのであった。

▽反共を優先したアメリカの圧力による条約の締結

サンフランシスコ条約で定められた「特別取極」に関する日韓の交渉は、日本が独立を果たした一九五二年から開始される。日韓基本条約、請求権協定が結ばれるのが六五年であるから、じつに一三年にもわたる長期間の交渉が行われたのである。

この時期を含め、一九八〇年代末頃までの日米韓の関係は何と表現できるだろうか。条約締結までの前半期は、一言で言えば、植民地支配に対する責任追及をする韓国側の意欲はあったが、アメリカの「反共」戦略のために抑えられ、日米韓の軍事一体化が形成される時期である。後半期は、日米韓の軍事一体化はさらに強固なものになっていくが、韓国国民を押さえつけてきた独裁と弾圧に対する抵抗が爆発し、自由と民主主義への渇望が広がる時期だったと言える。以下、その経過の概要を見てみよう。

五二年に始まった日韓交渉は、早くも五三年、中断することになる。その理由は、植民地支配が違法だったことを認めよと求める韓国側に対して、日本側の代表が、「（支配は）善意でやった」「いいことをしようとした」などと発言し、カイロ宣言で[注7]「朝鮮人民の奴隷状態」と書かれていることを指摘されると、「戦争中の興奮した心理状態で書かれたもの」などと反論し、韓国側が強く反発したからである。

そういう状況下でも、日米韓の軍事的連携は進んでいく。六〇年に日米安保条約が改定されると、その日米共同作戦条項の具体化が始まり、六三年（昭和三八年）、いわゆる「三矢《みつや》作戦研究」が自衛隊の統合幕僚会議メンバーによって行われる。これは、韓国軍の一部に反乱が起き、在韓米軍がそれを鎮圧することをきっかけに、北朝鮮が南下して再び朝鮮戦争が勃発し、日本への武力侵攻の危機が高まる中で、日米共同作戦が発令されるというシナリオ研究であった。

日米韓の軍事一体化を重視するアメリカは、日本に特使（国務次官補）を派遣し、「日本の安全は、韓国の人々が自国の独立を維持し、強固で繁栄した経済を発展させることができるかにかかっている」と、日韓の平和と繁栄が一体のものであることを強調した。そして、必要であれば「謝罪」するのも厭うなと圧力をかける。他方、韓国に対しても、日本との交渉が妥結しても援助を継続することを約束し、正常化に踏み切るよう要請したのである。

アメリカの後押しを受けて六五年二月、椎名悦三郎外相（当時）が韓国を訪問し、「両国間の長い歴史の中に、不幸な期間があったことは、まことに遺憾な次第でありまして、深く反省するものであります」と、誰が何を反省しているのか不明な談話を発表する。韓国では、植民地支配の責任があいまいなまま交渉が妥結することを危惧した人々が、六四年四月に会談反対の大規模なデモを決行するが、政府は戒厳令を公布する。その直後（六月）、植民地支配の責任を棚上げした日韓条約が結ばれるのである。

∇日本では植民地責任はまともに議論されず

こうした動きと平行して、日本においても日韓条約反対闘争が広がる。しかし、日本の運動が条約に反対する根拠は、植民地支配の責任問題ではなかった。朝鮮半島の北部に北朝鮮という国家がありながら、南部の韓国とだけ条約を結んで関係を正常化することに反対するというものであった。サンフランシスコ条約以来、日本の植民地支配責任を問う声は韓国以外からは聞かれず、市民運動も含めて自己の植民地支配責任を顧みる気風は日本に生まれていなかったのだ。

たとえば社会党である。日韓条約を審議した国会では、山本幸一が党を代表して衆議院本会議で反対理由を述べている。その反対理由を列挙すると、①北朝鮮を認めていない、②李承晩ラインが撤回されていない、③竹島を韓国が占拠している状態が解消されていないというものであっ

た（六五年一〇月一五日「第五十回国会衆議院議事録」第四号）。

戦前、朝鮮半島の植民地支配に反対した共産党の場合も、日韓条約に反対した理由は社会党と似たようなものである。川上貫一が衆議院本会議で反対理由を述べているが、①反共軍事同盟をつくろうとするものである、②韓国は軍事独裁であって認められない、③自衛隊を朝鮮半島に出動させることにつながる、④自衛隊の人民弾圧を進めることになる、ということだ（同右）。

これらの基本線は本会議から委員会に審議が移っても変わらない。公明党の黒柳明が、特別委員会の審議において、日本の朝鮮半島支配の違法性に言及し、請求権で済ませるのではなく賠償すべきだと発言しているが、党の正式見解ではないようである。

戦前、日本が朝鮮半島を植民地支配していたことを、現時点で「間違っていた」という人は少なくない。しかし、「犯罪だったから賠償せよ」とまで考える人は少ない。これは植民地支配に関する日本国民の認識の到達点と不可分なのだ。

∇社会党の石橋政嗣にしても同じだった

それを示す事例として、あと一つ紹介しよう。この国会で社会党の石橋政嗣が質問をしている（六五年一一月五日「第五十回国会衆議院日本国と大韓民国との間の条約及び協定等に関する特別委員会議事録」第一〇号)。ここで石橋は、外務省が発行している「世界の動き」という雑誌を取り上げ、まず以下のように引用文を読み上げている。

「わが国が韓国に請求しているのは、そのうち私有財産の返還である。それは私有財産尊重の原則が、歴史的にいつの時代にも認められてきた原則であるし、また朝鮮からの引揚者の利害がこの問題と密接に結びついているからである。しかも、日本人が朝鮮に残してきた財産は、はるばるわが国から渡鮮して三十余年の長きにわたり粒々辛苦働いた汗の結晶にほかならない。……現在韓国内には約百億円の日本人私有財産が残っている計算になる。……日本が韓国から受け取るべき額約一四〇億円、日本が韓国に支払うべき額約一三〇億円、差引受取額約二〇《マ》億《マ》円、そこで、かりに韓国の主張のように、日本は韓国に対し請求すべきものは一銭も無く、請求権の問題というものはもっぱら韓国が日本から受取る額の問題にすぎないということであれば、……一二〇億円を日本が韓国に支払わなくてはならないことになる。在韓財産の一切合切をフイにした上に、さらにこのような巨額を支払うということは、わが国民の決して納得しないところであろう」

現在の視点で社会党を捉えている人がこれを見ると、「石橋さんは、いま読み上げた外務省の見解をこれから批判するのだろう」と思うに違いない。日本側にも請求権があるという外務省を批判し、請求権は韓国だけに認められると主張しようとしているのだと。しかし、違うのだ。石橋はこれに続いて次のように自分の見解を述べる。

「この当時の外務省のこの主張、これこそはまさに日本国民感情にぴったりだということです。特に、いま熱心に運動しておられますところの引き揚げ者の諸君の気持ちにぴったりしたものがこれだということなんです」

日本の革新勢力にとって、当時の韓国というのは、心情的に支持する北朝鮮を標的にして、アメリカ、日本と軍事的結束を図ろうとする軍事独裁国家でしかなかった。その韓国に対して、日本の国民が朝鮮半島に残してきた財産の請求権を放棄する条約など、とうてい認められるものではなかったのである。

▽光州事件で韓国は変化、日本は変化せず

その後、韓国においても、一九九〇年前半頃まで、植民地支配の問題が大きな政治問題になることはなかった。しかし一方でこの時期、国民の声を弾圧してきた軍事独裁体制への批判が高まり、国民の中でそれに対峙するだけの力が蓄えられてきたのが特徴である。

それを象徴するのが一九八〇年の光州事件であった。七九年、ソウルなどを中心に学生、市民の反政府暴動が起きると、政権内部に亀裂が走り、長年軍事独裁体制を敷いてきた朴正熙が射殺されることになり、戒厳令が施行される。結局、その後、全斗煥、盧泰愚など軍人が大統領になり、引き続き軍部が実権を握ることになるのだが、国民の民主化への渇望を抑えることはできず、まず八〇年春、ソウルで五万、一〇万という学生が戒厳令反対などを訴えて集会を開く（ソウルの春）。

これに対して戒厳司令部は、戒厳令を拡大するとともに、民主化の先陣に立つと見られた金大中や金泳三などを拘束する。これでソウルの春は終焉するのだが、光州では逆に学生を先頭に民主化の運動が開始され、数万の市民が呼応し、警察署を占拠したり、戒厳司令部寄りの報道しかしない放送局を焼き討ちしたりした。戒厳司令部は、アメリカ人司令官の許可も得て、機動隊だけでなく空挺部隊や陸軍師団なども投入し、血の弾圧を行うのである。軍事独裁政権が倒されたのちに韓国政府が公式に被害を認定し、補償したのは、死者が一五四名、行方不明者が七〇名をはじめ、合計で五〇六〇名にものぼるほどの規模だった。

それでも八〇年代、軍事独裁政権はなお続くのだが、国民の中には戦後一貫して維持されてきた体制への疑念がめばえていた。変化のきっかけとなったのは、在韓米軍に対する疑念が生まれたことである。光州事件における国民虐殺を在韓米軍が容認したことは、アメリカが本当に韓国国民の命のことを真剣に考えているのかということに疑問符をつけたのだ。そうした変化を背景に、九二年になって金泳三が大統領となり、軍人大統領の時代は終わりを告げる。

一方、この時期になっても、日本では戦争や植民地支配の責任が政治の焦点になることはなかった。日本はとにもかくにも、東京裁判の結果を受け入れるとともに、サンフランシスコ条約で約束した賠償も、請求権の処理も、法的責任はすべて果たしたのである。アメリカその他、日本の責任を追及する国はあらわれなかった。

大きな問題として残っていたのは中国との関係である。サンフランシスコ条約は、日本がもっとも被害を与えた中国（本土）が参加しない欠陥条約だったからである。しかし日本は、その中国との間でも七二年、国交正常化を成し遂げた。中国は賠償請求を放棄したので、新たな負担は求められなかった。

日中国交正常化をきっかけに、中国などにしかけた戦争の性格については、「侵略戦争ではないか」という追及が野党によりなされるようになった（日本政府は認めなかった）。けれども、朝鮮半島に対する植民地支配の責任は、学問の世界では問題になっていたが、日本政治の大問題として問う政治家はあらわれなかったのである。

る。

∇日本の少しの変化、韓国のドラスティックな変化

九〇年代以降、ようやく植民地支配が政治の焦点となる時代に入っていく。日本も韓国もである。

まず日本について言うと、一九九五年に戦後五〇年という節目の年を迎えることが、日本の戦争の性格を国民が真剣に考える背景にあった。直接には九一年、韓国の慰安婦だった人が名のり出て、日本の裁判所に提訴したのがきっかけと言えるであろう。それらの結果、慰安婦問題での河野談話（九三年）がつくられ、日本の公式的な見解とされる。

さらに大事なことは、九五年、戦後五〇年にあたって、いわゆる村山富市総理大臣談話が出されたことである。戦後史の中で初めて、植民地支配問題をめぐる政府の態度が活字として公式に表明されるのである。

この談話は、「わが国は、遠くない過去の一時期、国策を誤り、戦争への道を歩んで国民を存亡の危機に陥れ、植民地支配と侵略によって、多くの国々、とりわけアジア諸国の人々に対して多大の損害と苦痛を与えました」とした。その上で、「この歴史の事実を謙虚に受け止め、ここにあらためて痛切な反省の意を表し、心からのお詫びの気持ちを表明いたします。また、この歴史がもたらした内外すべての犠牲者に深い哀悼の念を捧げます」と述べるものであった。

その後、戦後七〇年にあたり、安倍晋三総理大臣談話が出されるが、その際、村山談話にある「侵略」「植民地支配」「反省」「お詫び」の四つの言葉が入るかどうかが焦点となり、四つとも盛り込まれたことが肯定的に受け止められたように、この水準の考え方は日本国民の多くの気持ちと合致するものになっていると思われる（ただし安倍談話が村山談話と質的に異なることは後述する）。戦後の賠償条約と請求権協定で法的責任を果たしたことで、戦争と植民地支配の責任に向き合わなかった時代は終わり、法的責任の上に何が求められるのかが問われるようになったのである。

他方、韓国における一九九二年の金泳三政権の誕生は、「反共」と「独裁」の戦後体制を揺るがしていく。九三年から九四年にかけて、北朝鮮の核疑惑が浮上し、「ソウルを火の海にする」発言が飛び出すなどの事態もあり、「反共」で日米韓の軍事的一体化を進める基本体制は継続するのではないかと思われた。しかし、戦後の国家体制を追及する韓国における変化は、まさにドラスティックなものとなった。そして現在まで一方向に進化を続けている。

九五年、光州事件（五月一八日）の責任者を処罰する「五・一八特別法」が成立し、全斗煥が無期懲役、盧泰愚が懲役一七年の刑に処せられた。さらに、金大中政権で成立したのが「四・三特別法」（二〇〇〇年）である。アメリカの軍政が敷かれていた一九四八年四月三日以降、済州島における人々の運動に対して軍隊と武装警察が襲いかかり、島民二八万人中二万五〇〇〇から三万人が犠牲になった事件があったが、その犠牲者の名誉回復のための法律が制定されたのだ。

▽韓国の国民はようやく過去の追及をできるようになった

こうして、北朝鮮と対峙するためには過去の問題を封じ込めてでも日米韓の軍事一体化が大事だという、不動と思われていた戦後体制への挑戦が開始されたのである。金大中が、戦後はじめて南北首脳会談を行ったことは（二〇〇〇年）、対話もまた一つの選択肢であることを国民の気持ちに植え付けることになる。

追及すべき過去の問題が、戦後の軍事独裁政権期の問題に止まらず、戦前の問題にまでさかのぼるようになったのが、〇三年に成立した盧武鉉政権以降である。植民地期の問題を究明する「親日清算法」（日帝独占下親日反民族行為真相究明特別法、〇四年）、植民地期と戦後期も含むすべての事案を包括する「過去史法」（真実・和解のための過去史整理基本法、〇五年）はその典型であろう。

このうち後者の「過去史法」は、軍事政権による弾圧に協力した人も対象となるため、朴正熙を父とする朴槿恵を党首に戴いていた野党が反発するのだが、最後は与野党が一致して成立することになる。朴槿恵政権下でも廃止されるようなことはなかった。そういう意味で、過去の責任追及というのは、程度の差はあれ、韓国国民の一致した考え方になっていると言える。

植民地支配が終わっても、その時代に味わった苦悩を問題にできない戦後体制が半世紀以上も続いたことが、現在、韓国国民をこうした行動に駆り立てているのである。その責任追及が韓国の国民に止まらず、日本の企業にまで向かっているのが、いま焦点となっている徴用工問題だ。韓国内の問題であれば国家主権の範囲であり、過去と現在で対応が変化するのもあり得ることなのだが、変化した自国の現在の到達に立って、外国との過去の合意までをもくつがえすことができるのか、できるとしたら根拠や範囲はどうなるのかが、現在問われているわけである。それに対する筆者の考えはあとで述べる。

3、朝鮮半島の人々が従事した労働

朝鮮半島から日本に来た徴用工の人々は、いったいどんな労働実態にあったのか。徴用工裁判に関わる問題で何らかの判断を下す上で、これは知っておかねばならない事項である。

▽朝鮮人差別は裁判の論点になっていない

一方では、当事者の証言として、強制的に連行され、日本人労働者とは違ってムチで打たれながら働かされ、逃亡しないよう鉄格子のある部屋に監視付きで住まわされていたなどの告発がされている。とりわけ、この間、焦点となってきた長崎の軍艦島（正式には端島《はしま》）でのそういう実態告発は多い。いくつか紹介しよう（『軍艦島に耳を澄ませば――端島に強制連行された朝鮮人・中国人の記録』、社会評論社）。

「端島がどんな所か何も話さず、無条件に良い所だと騙して……逃亡を防ぎながら連行した」

「うつぶせで掘るしかない狭さで、暑くて、苦しくて、疲労のあまり眠くなり、ガスもたまりますし、それに一方では落盤の危険もあるしで、落盤で月に四、五人死んでいたでしょう」

「日本人は炭層の高い、採炭しやすいところを受持ち、われわれ朝鮮人は五、六〇センチの低いせまいところに入って、体を横にしてツルハシで手掘りしなければならなかった」

「耐え切れずに逃亡する人もいましたよ。……捕まれば、半殺しの目にあいます。真っ裸にされて容赦なく殴られてね。食堂にも監視がいるんです」

他方、それを否定する日本人当事者も少なくない。産業遺産国民会議専務理事の加藤康子は、戦時中、軍艦島の坑内作業を経験した井上秀士の次のような証言を紹介している（「軍艦島元島民

が語る〝徴用工〟の全真相」『月刊 Hanada セレクション　韓国、二つの嘘』所収）

「危ないところに朝鮮の人たちだけが行かされたという記述なんて愚の骨頂たい。第一、仕事にならんもん、そげなことしたら。技術のない朝鮮の人を一番危ないところに配置して、どうして石炭を掘るか？　払い（採炭場）は傾斜が急だからですね、訓練せんば入られんとですよ。そいで危なか場所で掘る人はお金の高い人さ、最高さ、最高ばもらうわけたい。朝鮮の人でも日本人でも新人は三人一組で仕繰り（坑内の天井や壁が崩落したり落盤しないように、枠をはめたり柱をたてて補強し、安全確保をすること）。採炭した炭ば箱に入れて坑外へ運ぶ。それぱっかりさせよった」

朝鮮人の賃金が差別されていたという証言も少なくない。けれども、井上が言うように、朝鮮人の熟練度が低かったからだとすれば、差別という性格のものではなくなる。ただし、坑夫の間では賃金その他で差別がなくても、坑夫と炭鉱の社員の間には歴然とした差別があったし（坑夫である日本人も差別されていたということでもある）、待遇に差別はなくても民族的偏見による差別はあったと見るのが常識的であろう。

けれども、どちらの証言が正しいか、ここでは問題にしない。なぜなら、すでに紹介したように、本書で取り上げている徴用工裁判では、そういうことは問題になっていないからだ。強制連行されたとか、日本人と違って苦しい扱いを受けたとか、そういうことはまったく判決の根拠とされていない。賃金の未払いがあったとか、殴られたことがあるとか、一部にそういう論点はあるけれども、全体として見れば、当時の労働そのものが人道に反しており、それが違法な植民地支配と結びつくので、賠償せよという論理なのである。

したがって、賠償をもらうために徴用工がありもしない嘘をついているとの批判は、少なくとも今回の裁判をめぐって通用する論理ではない。同時に、徴用工を支援する人々が、たとえ目的は善意であったとしても、賠償を求める理由として強制連行や差別的な労働を持ち出すのも、韓国大法院が賠償を求める論理とは違っており、かえって迷惑になるかもしれないことを自覚しなければならない。

大事なのは当時の正確な労働実態である。それが植民地支配と結びついたとき、賠償の根拠になるのかということである。そういう見地で、以下、当時の問題に分け入ってみたい。

▽軍艦島の近くの崎戸炭鉱において

軍艦島は長崎県の西彼杵《にしそのぎ》半島に面した海に浮かんでいる。そこには西彼杵海底油田が存在し、三菱が炭鉱として開発することになる。

実は、筆者も西彼杵郡（現在は西海町）の崎戸《さきと》という炭鉱の島に生まれた。住民の大半は炭鉱にかかわって働いており、筆者の父も炭鉱の発電所に勤めていた。炭鉱が斜陽になるにつれて居場所がなくなり、仕事を求めて夜行列車で東京に向かったという、山田洋次の映画『家族』で描かれた世界を生きてきた。

同じように崎戸を出た父の炭鉱の仲間が、時々我が家に集うことがあった。小学生の頃、一部屋に家族四人が住んでいたので、大人たちが酔っ払って話すことは自然と耳に入ってくる。いまでも印象に残っているのは、「炭鉱の労働者はね、手元にある金は、その日の夜に全部飲んで使ってしまうたい。だって、次の日は落盤事故で死んでしまうことがあるもんね」というものだった。もう戦後になっているのに、労働者にそう思わせるような仕事だったということである。

朝鮮半島の人々が働き、裁判でもその過酷さを訴えるのは、おもに戦中期である。戦争遂行のため増産に次ぐ増産が求められ、いやが上にも労働が過酷さを増したのは理解できる。「一に高島、二に端島（軍艦島の正式名称）、三に崎戸の鬼ヶ島」という当時の言葉があることも伝わっている。

その時期が終わり、戦後の平和な時代になってもそう思わせる炭鉱労働とは、いったいどういうものだったのか。本書執筆に当たって是非知りたいと思った。父はすでに他界しているが、崎戸炭鉱が閉山になるまでずっと鉱夫として働いた母の兄（伯父）が存命で、以下のような話を聞くことができた。

伯父が働きに出たのは、終戦直後の時期、小学校を卒業してすぐである。成績も良く、本当は中学校に進学したかった。しかし、父母はいたが、病弱で働きを期待できるような状況にはなく、長兄として兄弟姉妹を含む家族の生計に責任を負うことが求められたのだ。まだ戦後の労働基準法ができる前のことであり、児童労働は違法とはされなかったが、雇ってくれるとすると、生命の危険といつも隣り合わせの炭鉱しかなかった。住宅（炭住と呼ばれた）が提供されたので、兄弟姉妹が雨露をしのぐこともできた。

働くのは五人一組である。一番方は朝七時から一五時まで、二番方は一五時から二三時まで炭を掘る（それ以降が三番方で補修の作業となる）。ただし、海底まで巻き上げ式の人車で行き来する時間（合計二時間）は労働時間に含まれない。

∇伯父が語った炭鉱労働

怖くてきつい労働だったといまも思う。初期はツルハシで（手掘りと呼ばれる）、のちにコールピックという圧縮空気の機械を使い、八時間掘り続ける。最初の頃は弁当が出ることもなく、ただただ働きづめ。家に帰ってきたら倒れ込むようにして眠るしかなく、それ以上働けと言われても無理だった。

外に出て来ると顔も体も真っ黒になっていて、誰が誰だか判別もつかないほど汚れるのだ。口から黒いものが出てくるのだが、これは炭鉱をやめたあとも二年ほどは続いた。炭で汚れた肌着は洗濯を繰り返してもきれいにならず、それも苦労のタネだった。自分は家族を養うため、炭鉱をやめるなど考えることもできなかったが、大阪から仕事を求めて炭鉱にやってきた人は、一週間で帰って行った。

坑内は真っ暗。頭にかぶるキャップランプを付けていないと何も見えない。それだけでも不安を感じる。その上、事故はしょっちゅう起こる。初期は、坑を支えているのは木の柱だったため、倒れやすく、頭の上に炭が落ちてくる。それが鉄に変わったけれども、事故がなくなるわけではない。当初、頭にかぶっていたのは布の帽子だったので（のちにヘルメット）、怪我が絶えることはなかったのだ。

炭鉱で一番怖いのはガス爆発。炭鉱ではガスが発生するのだが（ガス突出）、それが排出されずに石炭のまわりに大量にたまってくると、それだけでも坑夫は酸欠状態になってくるし、ガス爆発が起こると大規模な落盤事故などにもつながり、閉じ込められることになる。親しい友だちも事故で死んだ。当時、合同葬という言葉があったけれども、それは合同で葬らなければならないほど、頻繁に事故があったことを示しているのだろう。

炭鉱の社員と坑夫は別の存在。社員は住宅も良質で明確な差別があった。朝鮮人は坑夫にしかなれず社員ではなかったが、それは自分が社員でなかったのと同じである。

炭鉱が閉山となり、ようやく三菱の社員として雇われ、京都に出てきた。その際、いまでも覚えているのは、「炭鉱で働いていたことは口にするな」と厳命されたことである。炭鉱の労働というのは刑務所に入っている人がやるものという意識が普通に存在していたからだ。

∇囚人労働が炭鉱労働の出発点

以上が伯父の証言の要約であるが、最後の言葉は文字通りの真実である。よく知られていることかもしれないが、日本の炭鉱は、もともと囚人労働によって成り立っていた。それが炭鉱労働の出発点なのである。

日本で炭鉱が産業として成り立ったのは明治に入ってからである。「富国強兵」政策を進めるエネルギーとして不可欠で、まず九州の筑豊《ちくほう》、三池、長崎、本州の宇部、常磐、北海道の白糠《しらぬか》、茅沼《かやぬま》、幌内《ほろない》、夕張《ゆうばり》等で採炭が開始され、その後、全国に広がることになる。

常に死と背中合わせの劣悪な環境下での労働である。炭鉱労働はいやしい者がやる賤業《せんぎょう》とみなされ、募集しても必要な人員が集まらないことは明白だった。また当時、資本主義の原初期であって、集まってても農閑期だけにやってくる農民であり、安定した生産は望めなかった。そこで、日本政府はそれを囚人にやらせることを決めたのだ。通常の刑務所とは別に、炭鉱の近くに集治監《しゅうじかん》と呼ばれる監獄をつくり、長期囚を収容して炭鉱で働かせたのである。

集治監から炭鉱までの道のりを歩く囚人の様子について、ルポライターの鎌田慧が書いている（『ドキュメント　去るも地獄　残るも地獄』ちくま文庫）。九州は大牟田の三井炭鉱の話である。リアルなので紹介する。

「店のまえから、いまは廃坑となっている煉瓦の建物と堅坑のやぐらだけを残している宮原《みやのはら》鉱へと続く長い道を、このちかくのひとびとは「囚徒道《みち》」と呼びかわしている。目のまえに鉄道が現われることになるまえの、草深かったこの道を、朝五時になると、とんがり帽子の編み笠をかぶせられ、洗いざらした柿色の獄衣を着せられて鎖につながれた一団が通りすぎていった。草鞋《わらじ》の素足にまきつけられた鎖は、足から腰につたって、そこでひとまわりし、六人まとめてひとつの錠前でまとめられていた。囚徒たちは、それをかかえて歩いていった。六人一組。ガチャッ、ガチャッ、ガチャッ。何百名とも数えきれない長い列は、歌うのでもなく、しゃべりあうのでもなく、辻々に銃を構えて見張っている看守たちのまえを、鎖のこすれる音を響かせ、おしだまって歩いて行った」

政府の統計によると、炭鉱がまだ官営だった時代の最後の一八八八年、囚人労働者の割合は全炭鉱労働者の六九％を占めていたという。民間に払い下げられて以降もこの状態は続くが、囚人の死亡が相次ぎ、脱走や暴動も頻繁に起こるなどして人道上の問題への懸念が広がったこと、技術の発達により、手で掘っていた状態から機械が導入されて労働の質が変わったことなどから、明治時代が終わり、二〇世紀に入る頃からは次第に囚人は使われなくなっていく。

しかし、伯父の証言にあったように、炭鉱労働とは囚人がやるものという観念は、その後も根強く残っていた。しかも、大正から昭和へと時代が移り、第二次世界大戦へと日本が突入していく中で、炭鉱労働の性格は再び「監獄」を思わせるものになっていく。そこに朝鮮半島の人々が投入されることになるのである。

▽戦争が開始されて朝鮮人が必要となってくる

一九三一年に満州事変が起きると、軍事的な必要があって次第に石炭の増産が求められるようになり、三七年の盧溝橋《ろこうきょう》事件による日中全面戦争開始によってその方向が決定的となっていく。

炭鉱における人手がどんどん必要になっていくのである。それをどう確保するのかは、日本政府にとっても炭鉱経営者にとっても切実な問題であった。

全面戦争が開始された当時、日本ではまだ不況が継続しており、失業者が三〇万人程度いると言われていた。けれども、炭鉱労働が苛烈なものだということは広く知れ渡っており、いくら失業しているからといって、炭鉱で働こうという者はあまり出てこない。かといって高齢者や病人に耐えられる労働ではない。そのため、女子や児童の坑内への入坑禁止を解いたりしたが、それでも足りない。そこで目を付けられたのが朝鮮人の労働力であり、三九年から集団的な朝鮮人の内地への移送が開始されるのである。

炭鉱労働が苛烈といっても、もはや囚人労働の時代ではない。機械化も進んでいたので、その方向を進んでいけば、多少は労働条件の改善が望めるはずであった。日本政府にとっても炭鉱経営者にとっても、戦争勝利に不可欠な石炭の増産をする上で、朝鮮人がそれなりに意欲的に働くことが合理的だという判断もできたはずである。

けれども、現実に選択されたのはその種の投資ではなく、大量に人手を投入することであった。増産のために採炭する面をどんどん増やすが、そこに新たな機械や熟練労働者を割り当てるのではなく（鉄は機械にではなく兵器に回されたし、労働者は徴兵されていった）、この時点では徴兵の対象とされない未熟練の朝鮮人労働者を次から次へと投入していったのである。

太平洋戦争が始まると、いよいよ深刻度が増してくる。熟練の坑夫は戦地に行き、未熟練の朝鮮人と日本人が石炭を掘るわけだが、だからといって戦時に「これだけしか生産できませんでした」は通用しない。日本人が戦地で殺し、殺されながら毎日を生きているので、それと比較もされる。炭鉱の跡地を訪ねると、いまでも「産業戦士の像」などが置いてある場所が見られる。戦時中の坑夫は戦士と呼ばれ、像になるほど重用されて（かたちだけだが）いた。職場も戦場の規律を導入することになる。

∇戦時下の炭鉱労働の実態

戦時下の炭鉱労働については、『炭鉱に生きる』（岩波新書、三菱美唄炭鉱労働組合編集）が詳しい。筆者はこの本以上に実情を適切に紹介する能力を持たないので、そこから関連部分を引用することを許してほしい。

「入坑前に命令される出炭見込みは絶対的で、どんなことがあっても達成しなければならなかった。……

払切羽（採炭面のこと――引用者。「はらいきりは」と読む）における職制の圧迫もひどかった。

切羽の山推し（天盤が下がってくる）がひどくなると支柱がみしみし鳴り、短い柱を立てても見る間に柱がきいて《ママ》しまうという状態で作業は続けられる。朝鮮人労働者や新入りは腰が落ち着かなくなる。係員は、

『びくびくするな。俺が逃げろというまで離れていかん。戦争に勝つためにはお前達の一人や二人は死んだって、それくらいの犠牲はやむを得んのだ。敵弾の下をくぐる思いならなんでもない』と叱咤している。……

機械力の充実にあわせて緒戦では、戦争に勝つためという精神力が加わって出炭量を増加することができた。しかるに戦争が長期化してくると、機械力はある一部分は備っても全般的に行きわたらなかった。昭和一八年（一九四三）、一九年頃では、堀進（穴を掘って進むこと——引用者。「くっしん」と読む）の運搬には相当な傾斜までは、手掘り時代さながらの柱にロープを捲付けて実車を降ろすような人力採炭も一方でおこなわれていた。

……

現場には棒頭（人足のかしら——引用者。「ぼうがしら」と読む）がつき、逃亡を監視する見張員を坑道の要所に配置して作業をおこなっている。寄宿部屋には厳重な囲いをほどこし、封建的奴隷労働さながらの鉄則にしばられていた。リンチは処かまわず加えられる。

……

産業戦士は「鉱兵」に、繰込場は「進発所」（航空機の基地発進からとったもの）とあらためた。また昭和一九年（一九四四）一月には採炭決死隊が生れた。堅鉱進発所での一〇六名の結成式では『前線勝敗の鍵は我等決死隊の双肩にある。倒れてもなお掘り進む自爆精神で率先垂範立派に死ぬ覚悟で挺身されたい』と札幌鉱山監督局長は訓示している」

以上である。他に、朝鮮人の抵抗を描く場面もある。ただただ過酷な労働を受け入れていたわけでない面があることは興味深い。

「朝鮮人労働者がたくさんきてからは、五人のところは日本人二人に朝鮮人三人、三人のところは一人に二人という配置でした。日本人の先山（直接に採炭をする人――引用者）は材料の運搬から枠付けまで全部一人でしなければなりませんでした。朝鮮人とは言葉が通じないので気持ちを合わせることができなかったし、朝鮮人は労働意欲がなくて、先山は賃金が高いのだから多く働くのは当然だというのです」

∇過酷な労働は賠償を求める根拠となるのか

炭鉱を中心として、朝鮮半島の人々（日本の人々も）が働いていた戦時中の労働現場の実態を見てきた。朝鮮人が日本人より過酷な実態にある場合もあったが、多くの場合、共通して過酷な実態を伴うものだったと言えるだろう。

検討しなければならないのは、そういう労働実態にあったとして、それが賠償を求める根拠になるのかという問題である。日本の炭鉱労働者が戦後、戦時中の労働によって被害を受けたとして賠償を受け取った事例は存在しないが、植民地支配下にあった朝鮮人の場合は別の考え方が成り立つのかということである。

この問題をめぐって、賠償を否定する側からよく聞かれるのは、日本の行為の合法性である。徴用工は日本の法令にもとづいて日本人として仕事をしたのだし、徴用という手段も戦時では多くの国家がとっているものであって、国家が違法行為を犯したことの裏返しにある賠償の対象にはならないということである。

しかし、たとえ国家の行為が法律にもとづく合法的なものであっても、人道上の被害を受けた人々が賠償を求めることはあり得る。それが裁判所で認められる場合もあり得る。

その代表例がハンセン病で隔離された人々であった。ハンセン病にかかった人々は、「らい予防法」（一九五三年制定、九六年廃止）という国がつくった法律にもとづいて隔離され、六〇年頃に治療法が確立されて以降も法改正されないままに隔離を続けられたのであるが、二〇〇一年、熊本地方裁判所が患者の訴えを受けて賠償すべきことを判示し、国もそれを受け入れたのであった。二〇一九年六月、国の隔離政策で家族も離散などの被害を受けたとして、同じ熊本地裁が国に賠償を求める判決を下したこと、日本政府が控訴せず、賠償に応じる決断をしたことも記憶に新しい。

国家の行為によって重大な被害が生じれば、賠償は可能なのである。法律にもとづく行為であっても重大な被害があれば可能なのである。

∇戦時中の被害の補償にかんする日本の裁判所の判断

では、戦時中に受けた被害をめぐって、被害者が賠償を求めたり、補償を受け取った例はあるだろうか。この問題は複雑である。

まず、日本政府は、軍人と軍属[注8]に対しては、戦時中に生じた健康上の被害等に関して一定の補償を行っている。もともと戦時中に雇用関係にあったことで一定年数勤めた軍人に恩給の制度が存在するのだが、その枠内で健康上の被害等に関する加算が認められているのである。年数が足らない軍人や軍属、準軍属[注9]のうち、障害を負ったり亡くなった人に対しても、「戦傷病者戦没者遺族等援護法」によって、障害年金や遺族年金等が支給されている。

戦争で死亡したり障害を負ったのは軍人や軍属だけではない。そこで戦後、少なくない民間人が、国に対して賠償を求めて裁判を起こした。原爆被害者、空襲被害者がその代表的なものである。

これに対して裁判所は、訴えの多くを退けてきた。その論拠とされたのが「一億総受忍」論と呼ばれるもので、戦争の被害は等しく国民が堪え忍ばなければならないという考え方であった。この論理を最初に展開した最高裁判決は以下のように述べている（一九六八年）。

「戦争中から戦後占領時代にかけての国の存亡にかかわる非常事態にあつては、国民のすべてが、多かれ少なかれ、その生命・身体・財産の犠牲を堪え忍ぶべく余儀なくされていたのであつて、これらの犠牲は、いずれも、戦争犠牲または戦争損害として、国民のひとしく受忍しなければならなかつたところであり、右の在外資産の賠償への充当による損害のごときも、一種の戦争損害として、これに対する補償は、憲法の全く予想しないところというべきである」

この判決は、カナダに財産を残してきた日本人がそれを接収されたとして、日本政府に補償を求めたものであった。財産上の被害に対する補償がこの裁判によって否定されたのである。それに加えて八七年、最高裁は、名古屋大空襲訴訟において、人命の被害も耐え忍ぶもののなかに加えることとなる。

▽「違法な植民地支配」と結びつけば賠償の対象になるか

このように、日本の我々は、戦時中に受けた被害への賠償、補償が行われない世界に住んでいるので、それを求める朝鮮半島の人々に違和感を持つのかもしれない。しかし、日本の被害者もずっと賠償、補償を求めて裁判を闘ってきたわけであるから、朝鮮半島の人々が同じことをしても、何ら不思議ではない。

しかも、朝鮮半島の人々は、最高裁判決が言う「国民のひとしく受忍しなければならなかったところ」の「国民」に含まれるのかという問題がある。当時は日本人だったから「受忍」すべきだというなら、あまりに杓子定規というそしりを免れないだろう。ここに大法院判決が述べる「違法な植民地支配」という論理を検討しなければならない根拠がある。それが、日韓請求権協定で解決済みという論理を上回るほどのものか、そうでないのかを検討しなければならない。

さらに同時に、「総受忍」論にも例外があることにも注目する必要がある。受忍を強いられてきた被害者の中にも、闘いによって補償を勝ち取ってきた人々がいるのである。

例えば原爆被害者である。「被爆者健康手帳」が交付された者に対しては（この交付者が圧倒的に少ないことは重大問題だが)、原爆症の認定を受けた場合、医療特別手当(月額約一三万七〇〇〇円)が支給される。その他、健康管理手当(月額約三万四〇〇〇円)や各種手当の制度も存在する。

また、シベリア抑留者に対しては、一〇万円の慰労金が支払われ、銀杯が贈呈された。中国残留日本人に対しても、各種の支援制度が存在する。

ここまで徴用工問題を考える上で必要な問題をいくつかの角度から見てきた。いよいよ、では問題をどう解決すべきなのか、筆者の考えを提示していこうと思う。根本的な解決と当面の解決があり、その双方を同時的に進めなければならないというのが、筆者の立場である。

(注1)オスマン帝国をどう分割するかについて、イギリスのマーク・サイクスとフランスのフランソワ・ジョルジュ＝ピコの間で、第一次世界大戦中に合意された協定。のちにロシアもくわわり、秘密協定として結ばれた(一九一六年五月一六日)。イギリスは一方で、大戦でアラブの支持を得るため表向きは独立を支持すると約束しており、二枚舌外交の典型とされる。

(注2)アメリカの原爆投下により、広島に住んでいた朝鮮人五万人(死亡は三万人)、長崎では二万人(同じく一万人)が被爆したとされる。生き残った人の多くは朝鮮半島に戻ったが、被爆の後遺

症に苦しむことになる。日本では一九五七年に原爆医療法が制定され、水準はともかく国費によって健康診断や治療が開始されたが、朝鮮半島に戻った人々には適用されず、当事者は裁判闘争を余儀なくされて、現在に至っている。

（注3）第二次大戦での日本の敗戦以前、サハリンに渡って暮らしていた日本人と朝鮮人がいたが、最終盤のソ連の進攻により、現地に残されることになった。日本人はその後、引き揚げる道が開かれたが、反共国家であった韓国出身者は戻ることができず、現地で辛酸をなめることになる。

（注4）サンフランシスコ平和条約では、「戦争中に生じさせた損害及び苦痛」に対する「賠償」の問題は、第一四条で扱われている。一方、朝鮮半島その他日本が支配していた地域に関する「請求権」問題は、第四条において、それらの国と日本との間の「特別取極」で決めるとされている。

（注5）日韓国交正常化交渉において韓国側から提出された文書の中にある。その第五項に、「韓国法人又は韓国自然人の日本国又は日本国民に対する日本国債、公債、日本銀行券、被徴用韓人の未収金、補償金及びその他の請求権の弁済を請求する」として七項目の支払を日本側に求めており、その中に「被徴用韓国人未収金」や「戦争による被徴用者の被害に対する補償」がある。

（注6）国連憲章第一二章「信託統治制度」にもとづいて設置された地域。国際連盟時代の「委任統治」と同じく、事実上の植民地である。サンフランシスコ平和条約では、沖縄についても、アメリカが

国連に提案した場合は信託統治下に置くことが定められたが（第三条）、アメリカは自国で統治することを決めた。

（注7）第二次世界大戦終戦に際しての対日方針を決めるため、アメリカのルーズベルト大統領、イギリスのチャーチル首相、中華民国の蒋介石主席がカイロに集まり、合意した宣言（一九四三年一一月二五日）。満州、台湾の中国への返還、朝鮮の独立などを内容とする。

（注8）軍隊に属するが、軍人ではないものの総称。施設の維持管理に携わる者、通訳、技術部門の研究・開発者など広範囲である。

（注9）軍人や軍属の行う業務の補完業務に携わった人。

第二章

根本的な解決の道筋

これまで見てきた通り、日韓関係の断絶は、植民地支配の違法性をめぐる認識の食い違いに起因している。それならば、解決のために根本的に必要なのは、たとえ前途遼遠であっても、その認識を一致させることである。本章では、その問題に関連して必要な事項を論じる。テーマの性格上、歴史的にもさかのぼった議論をすることになる。

1、日韓条約の解釈をめぐる外交交渉を

∇両国の解釈が違えば交渉するのが当然だ

植民地支配の違法性の認識の違いを一致させるといっても、手段は一つしかない。日本と韓国の間でそのための外交交渉を開始することである。

そしてその場で、認識の違いに決着を付けるのである。植民地支配に関連する過去の条約等を「もはや無効」とする日韓基本条約の規定について、韓国側の言うように「植民地支配が違法だったのだから、そのための条約はそもそも無効だった」とする解釈が正しいのか、日本側が言うように「当時、植民地支配が合法だったのだから、条約も当時から無効というものではなく、日韓

基本条約をもって無効になった」という解釈が正しいのか、そのどちらであるのかの決着を付けるのである。

日韓条約そのものの中には解釈をめぐる再交渉の規定は存在しない。けれども、この部分をあいまいにしたことが問題を引き起こす可能性については、条約締結当時から日本政府も自覚していた。条約を審議した国会において、椎名悦三郎外相（当時）は、この規定をめぐって「両国の利害が、今後条約発効後に衝突するというような場合」が想定されるので、その際は解決しなければならないと答弁していたのである。

「それから『もはや無効』というのは、一体、当初から無効であったのか、それとも、かつては有効であったか、いつから無効であるかというような点が御質問の点だと思います……。これも聞くところによると、韓国の言い方とわれわれの主張と食い違うようでありますが、これらの点について、もし実際問題として、両国の利害が、今後条約発効後に衝突するというような場合には、十分にこれを解決する自信を持っておるわけであります」（六五年一一月一九日「第五十回国会参議院会議録」第八号、自民党の草葉隆圓議員の質問への答弁）

もちろん、日本側の解釈で押し通すことに「自信を持って」いるわけだが、そのためにも交渉が必要なことは自明である。また、日韓請求権協定は、「この協定の解釈及び実施に関する両締約国の紛争は、まず、外交上の経路を通じて解決するものとする」と明記している。請求権協定の解釈が両国間で食い違っていれば外交交渉をすることになっているわけだ。その解釈の違いが本体である日韓基本条約に起因している以上、その議論を避けて通れないことは明白である。

▽日本側にも交渉のメリットがある

植民地支配が違法だったかもしれないなどという議論に応じることについて、日本側には拒否反応が出て来るだろう。しかし、日本側にもメリットがあることを自覚してほしい。

何よりも、対等な二国間の協議なのだから、解釈を一致させるには日本の合意が不可欠である。つまり、韓国側に説得されてしまわない限り、日本側が解釈を変えないで済むことだ。植民地支配の「栄光の歴史」に自信を持っているなら、堂々とそれを主張すればいいのであって、交渉結果を心配しないでもいいのである。

しかも、外交交渉を開始することには、別の意味がある。徴用工問題で日本企業が資産差し押さえなどの不利益を被らないためにも、この方法は有効なのである。なぜか。

韓国大法院判決を受けて文在寅大統領が困っているのは、これまでの韓国政府の立場を否定されたからだ。徴用工問題は請求権協定で解決済みとする立場を韓国政府がとってきたのに、いまさら日本政府に対して「解決済みではなかった」という態度はとりにくい。しかし、何と言っても司法の判決だから、それを尊重しなければならない。何もしなければ「不作為」の罪を司法に問われることになる。自縄自縛とはこのことである。

けれども、司法に対して、「現在、植民地支配の違法性をめぐる問題について、当事者である日本政府と交渉中です」と言うことができれば、判決にもとづいて努力しているわけだから、不作為には当たらない。そして、「この交渉が決着するまで、日本企業の資産没収を留保してほしい」と主張できるはずである。あるいは、日本が外交交渉に応じるにあたって、それを条件としてもいい。

要するに日本側には実利があるわけだ。その上に、自縄自縛で苦しむ文在寅大統領への「助け船」にもなって、外交上の「貸し」をつくることにもなる。これ以上の手段は存在しない。

あるいは、韓国政府に説得されてしまって、「やはり当時から無効だった」と合意することになったとしても、日本側には意義がある。大法院の論理は、日本側が植民地支配の違法性を認めないから違法な行為に対する請求権は残っているというものだから、「いや違法だったのだ」と日本が認めてしまえば、過去に支払った三億ドルは賠償金としての性格を持つことになり、徴用工は日本企業に賠償を求める根拠を失うのである。

どちらに転んでも利益があるわけだ。それなら逃げる必要はない。

▽日本に植民地支配の違法性を認めさせるには外交交渉しかない

問題は韓国側にある。韓国の大法院は判決の内容を国内で執行できる権限を持っているから、日本企業からおカネを獲得することが目的なら、すでに判決が下された事件でも今後扱われる事件でも、外交交渉に訴えずとも、目的の達成は容易である。強制執行してでも在韓日本企業の財産を手に入れれば満足というなら、それだけのことだ。

しかし、もし植民地支配の違法性を確認したいという気持ちが本物ならば、それで満足できるはずはない。裁判というのは、被告が罪を認め、反省し、謝罪するかどうかに関わらず、確定した罰を負わせるという性質を持っている。強制執行などのやり方ではもちろんのことだが、たとえ企業が判決で示されたおカネを自主的に支払うとしても、植民地支配の違法性を認めることと直接の関係はない。賠償額を支払って（あるいは取り立てて）しまえば、植民地支配の違法性は確認されないまま、そこで裁判闘争は終わる。ましてや、今回訴えられているのは日本企業であって、支配した当事者である日本政府ではないのだから、企業が何を償おうと日本が植民地支配の責任を認めたことにはならない。

だから、日本に植民地支配の違法性を認めさせようとすれば、求められるのは裁判ではないのだ。いや、被害者は裁判に訴えるしか道はないからその道を進めばいいのだが、韓国の中で裁判の判決をいくら積み重ねても、せいぜいおカネの問題に止まってしまうということである。

それ以降は韓国政府の責任になる。何よりもまず、日本国民の多数に違法性を認識してもらうことの上に、日本との外交交渉において、日本政府が一〇〇年以上にわたって堅持してきた見解をくつがえす必要があるのだ。韓国政府が考える必要があるのは、そのために何をすべきかということなのだ。

問題は文在寅大統領の対応である。大法院判決を受けて、この外交交渉を提起する意思と能力があるのかである。この外交交渉に失敗してしまえば、現在は安倍首相を批判している韓国世論の矛先が、そのまま文在寅に向かうことにもなろう。それだけの覚悟が文在寅大統領にはあるのだろうか。

「正しいことだから認められて当然だ」と韓国の人々は考えるかもしれない。そうやって韓国政治を変えてきたのだから自信もあるだろう。しかし以下、本章では、文在寅と韓国の国民に対して、この課題の困難さと展望を知らせておきたい。あの帝国主義の時代における植民地支配の違法性を認めさせるのがどれほど困難なことなのか、認めさせる可能性は針の先ほどにはあると思うのだが、それはどんな道なのかである。不可能に近いほどの困難があっても立ち向かえるだけの気概がないと、この課題を担う資格はない。

∇違法性の認識が確立する日が来てほしい

こんなことを書いていると、「お前はどういう立場なのか」と問われるだろう。正直に告白すると、植民地支配というのは、日本が行ったものであれ欧米によるものであれ、当時から人道に反した犯罪であり、やってはいけない違法行為だったというのが筆者の立場だ。そういう認識が世界中で確立する日が来なければならないと考えている。

欧米列強は、アジア、アフリカの国々を支配するなら合法という国際法を勝手につくり、世界中を植民地にしてきた。世界中が余すところなく植民地になり、もはや新たに獲得できる土地がなくなると、武力で土地を獲得するのは違法な侵略だという国際法をつくり、既存の植民地を囲い込もうとした。独立闘争が激しくなると、弾圧しても国内問題だから国際法に反しないという立場をとった。こうして欧米列強(のちに日本がくわわり欧米日列強になる)は、つねに国際法を遵守してきたと偉そうにしている。しかし、いくら「文明」と引き替えだといっても、何百万、何千万の人々を犠牲にした行為を「合法」と言い張るのでは、いつまで経っても「国際法」は法律として必要な権威を持つことはない。過去の植民地支配を欧米日が違法だと認めてこそ、世界中の国々が国際法を尊重する日がやってくるのである。

けれども一方で、筆者は誰よりもその日の到来を真剣に待ち望んでいると自負するからこそ、実現が容易でない（不可能とまでは言いたくないが）ことも理解しているつもりである。少なくとも文在寅大統領がいまのような稚拙なやり方を続けている限り、その日が訪れることはない。それどころか、どんどん遠ざかっていくだけであって、日本人は枕を高くして眠っていられるのだ。

では、その枕が蹴飛ばされる時は、どうしたらやって来るのか。欧米と日本が過去の植民地支配は違法だったと認め、謝罪する日は訪れるのか。その条件と可能性を探っていきたい。

2、過去の支配を違法とする国際法はない

▽領有権の基準は「発見」から「先占」へ

そもそも、植民地支配が違法か合法かという問題は、国際法上の問題であって、韓国や日本が勝手に判断できる問題ではない。では、この問題に関する国際法はどうなっているのか。そこを

まず検証しなければならない。

現在の世界で、他の国を植民地にしようとすることは違法である。そんな国があらわれれば、国連からも糾弾され、世界中で孤立することになるであろう。しかし、過去の植民地支配も違法だったという論理が裁判で通用しているのは、率直に言わせてもらえば、世界一九〇以上の国の中で韓国だけである。他にそう考えている政府もあるだろうが、韓国のように裁判で旧宗主国を訴えて植民地支配の違法性が確定した事例は一つも存在しない。

現在ではまったく理解できないことだろうが、かつて国際法とは欧米列強が勝手に決めていたものであった。日本をはじめアジア、アフリカの広大な地域を占める国々は国際法形成に関与する資格はないと、欧米列強によって考えられてきた。

世界中の土地が誰のものかという国際法も、そういう欧米列強が決めていた。大航海時代、オランダやスペイン、ポルトガルが世界をまたにかけていた頃、領土の基準は「発見」だった。最初に発見した国が「ここは自分の土地だ」と勝手にみなし、他の欧米列強もそれを認めていたわけである。しかし、他の欧米列強も海外に出て行くだけの実力（軍事力）を身につけるようになると、領土の基準は「先《せん》占《せん》[注1]」へと変化する。「ここは自分の土地だ」と他国に対して宣言し、かつその土地を実効的に支配することが要件となる。実力重視の帝国主義の時代になったのである。その土地に国家があろうとなかろうと、欧米流の国家でないと判断したら、「無主の地」[注2]とみなし、植民地として支配するようになるわけだ。

日本の朝鮮半島に対する植民地支配も、そういう当時の国際法が根拠となった。第一章で述べたように、隣国を支配することには微妙な問題も含まれていたが、欧米にとってみると、自分たち（ロシアも含む）が朝鮮半島を支配することは間違いなく合法だったわけで、日本が同じことをやれば違法だという論理は法的には通用しなかった。そのため、欧米諸国は、日本が朝鮮半島を植民地支配したことに対し、異議申し立てはしなかった。それどころか日本の行為に合法だというお墨付きを与えた。日本の行為が合法になれば、自分の行為はもっと合法になるという感覚だったかもしれない。国際法の解釈が欧米に委ねられていたわけだから、日本はそれを利用したわけである。

∇基準は自決権へ――植民地独立付与宣言

ただしかし、そういう論理はいまでは通用していない。現在、この問題での国際標準は、国連総会で一九六〇年一二月に採択された決議、「植民地独立付与宣言」（正式名称：「植民地諸国、諸人民に対する独立付与宣言」決議一五一四第一五項）にある。「宣言」は以下のように述べている。

「総会は、
……（前文中略）
いかなる形式及び表現を問わず、植民地主義を急速かつ無条件に終結せしめる必要があることを厳粛に表明し、
この目的のために、次のことを宣言する。
一　外国人による人民の征服、支配及び搾取は、基本的人権を否認し、国際連合憲章に違反し、世界の平和及び協力の促進の障害になっている。
二　すべての人民は、自決の権利を有する。この権利に基づき、すべての人民は、その政治的地位を自由に決定し、並びにその経済的、社会的地位及び文化的発展を自由に追求する。
三　政治的、経済的、社会的又は教育的基準が不十分なことをもって、独立を遅延する口実にしてはならない。
四　従属下の人民が完全なる独立を達成する権利を、平和かつ自由に行使しうるようにするため、かれらに向けられたすべての武力行為、あらゆる種類の抑圧手段を停止し、かつかれらの国土の保全を尊重する。
……（五〜七略）」

現在、ある土地が誰のものかを決めているのは、この宣言にあるように、「すべての人民は、自決の権利を有する」という考え方である。発見から先占へ、そして現在は人民の自決権へ――。土地の領有権を決める基準はそう変化してきたのである。

▽過去の植民地支配を違法だとする国際法は存在しない

この宣言を採択した国連総会は、憲章上、「国際法の漸進的発達」に寄与するという役割を与えられている。国際法というのは世界中の国々を拘束するものであるから、加盟国のすべてが参加する総会の機能が不可欠なのである。

しかし、国連総会が決議を採択したからといって、その内容がすぐに国際法と言えるものになるわけではない。決議に反対したり、棄権したりする国があれば、それだけで国際法としての資格はないし、そもそも国連に加盟していない国を国連決議で法的に拘束できるのかという問題もある。だから、国連総会で決議したものであって、その後の国際政治の中で、国連に加盟していない国も含め世界のすべての国々が法的な規範として尊重するようになれば、国際法としての資格を取得していくと考えられている。他方、そういう段階において、決議に違反する国がでてきたとしても、ただちに国際法としての資格を失うわけではない。それが国際法への違反として世界中で認識されるならば、なお国際法としての資格を有しているとも言える。

植民地独立付与宣言とは、まさにそのような国際法である。採択当時、これに反対する国は、さすがに一つもなかった。賛成が八九、反対はゼロである。しかし棄権が九か国あり、しかもそこには、植民地の主要な宗主国であったアメリカ、イギリス、フランス、ベルギー、ポルトガル、スペイン、南アフリカが含まれていたのである。植民地の主要宗主国である国々が規範性を認めないものだったから、当時、国際法としての資格を得ることはなかったのだ。

けれども、宣言が採択されたことを力にして、この九か国が支配していた広大な地域の人々が闘争を強め、独立を勝ち取ってきた。パラオ、モーリシャス、赤道ギニア、ジャマイカ、ケニア、グレナダなど、地域を超えて合計で六〇の新しい独立国（人口で八〇〇〇万）が生まれたのである。国連がいまだに植民地（非自治地域）とみなすのは、ごく少数の地域に限定されてきている。

こうした現実の変化によって、植民地独立付与宣言は国際法とみなされるようになった。宣言に反して支配地域を保有することは、どの国の行為であれ違法であるとみなされるようになったのである。

しかし、それにもかかわらず、この宣言は、かつて宗主国が植民地を支配していたことについて何の言及もしていない。植民地支配を終わらせる必要があることは強調しているが、あくまでも、いま目の前に植民地が存在すれば、それは終わらせるべき違法行為だということであって、すでに終了した過去の植民地支配を問題にしているわけではないのである。ましてや、それを違法だとみなし、賠償を求めているわけではない。

韓国大法院判決の最大の問題点はここにある。七〇年前以上の植民地支配を違法とみなすという、これまで国際政治においてほそぼそとしか主張されてこなかったことを叫び、それ根拠にして、被害者に対する賠償を日本企業に求めているのである。つまり、賠償の請求が国際法上の根拠を欠いているわけだ。

もちろん、かつての植民地支配が違法だということが国際法として確立すれば、韓国の主張は根拠を持つことになる。しかし現在はその根拠は欠けている。それなら韓国政府がやるべきは、「司法の判断だから尊重する」などというあいまいな対応ではなく、国際法を変革することなのだ。世界史上の新しい挑戦なのだから、本気で実現しようとすれば、それにふさわしい取り組みが求められよう。

∇武力で押し付けられた条約は無効か

韓国側が日韓併合条約は違法だったとして交渉過程で持ち出してきたのは、「武力で押し付けられた条約は無効だ。だから韓国併合条約も無効だった」とする考え方であった。それはどう捉えるべきなのだろうか。

併合条約が武力で押し付けられたのは事実である。条約だから同意して署名したではないかという立場もあるが、「条約法に関するウィーン条約」[注3]は、「条約に拘束されることについての国の同意の表明は、当該国の代表者に対する行為又は脅迫による強制の結果行われたものである場合には、いかなる法的効果も有しない」（第五一条）としており、たとえ当事国（この場合は韓国）が同意した場合も、脅迫や強制を伴っていれば違法だということになる。

しかし、ウィーン条約は一九六九年の採択で、発効したのは八〇年である。どう計算しても一九一〇年の韓国併合には適用できない。日韓条約交渉は六五年に妥結したので、交渉過程で韓国側が依拠することもできなかった。

また、列強が植民地を獲得するにあたって、相手国との間に国家や部族と条約を結んだこともよく知られている。アフリカ相手でも例外ではなく、日本と韓国に特有な現象ではないのだ。さらに、ウィーン条約ができたからといって、それ以降、欧米のかつての植民地支配が違法だと確認された事例も存在しない。

一方、この条約の考え方は、アフリカなどが植民地にされた一八世紀、一九世紀はともかく、朝鮮半島が焦点となる二〇世紀初頭には慣習法になっていたと主張する人もいる。その根拠として、一九三八年のミュンヘン協定がのちに「無効」と宣言されたことがあげられる場合もある。

∇ミュンヘン協定「無効」の限界と意味

ミュンヘン協定とは、ドイツとイギリス、フランス、イタリアが集まり、チェコスロバキアのズデーテン地方を三八年の一〇月以降、ドイツに割譲することを決めたものである。いわゆる「宥和政策」として知られるもので、チェコ政府に対して押しつけられた。その結果、ドイツ軍はズデーテンに侵入する。その後、ナチス・ドイツは、ミュンヘン協定さえ踏みにじり、翌年には全土を支配し、チェコスロバキアという国が消滅するのである。[注4]

イギリスに逃れたチェコ亡命政府は、三九年、イギリスとの間でミュンヘン協定が無効であることを確認する。さらにそれから三〇数年を経た七三年、西ドイツとチェコスロバキア政府が関係を正常化する条約を結び、その第一条でミュンヘン協定の無効を宣言したのである。

この経過を見ると、強制された条約は、当時から無効だという考え方が成り立ちそうだ。ヨーロッパに学んで同じようにやれという声が出てくるのも理解できる。

ただしかし、一九一〇年の韓国併合と三八年のミュンヘン協定の間には、大きな壁がある。戦争の違法化に踏みだした一八年の国際連盟の創設があり、侵略戦争を禁止した二八年の不戦条約[注5]が存在するのだ。三八年のズデーテン侵入は、一〇年の韓国併合と違って時期的にこれらの条約に反することが明白なので、「違法」「無効」とみなすことが容易だったという事情があるのかもしれない。

同時に、それよりも何よりも、併合した相手がヨーロッパの主権国家だったのか、アジアの国だったのかの違いが大きいと感じる。植民地の独立に際し、アジアやアフリカを対象として、欧米諸国がかつての条約の「無効」を宣言した事例がないことが、それを象徴している。

さらに言えば、ミュンヘン協定が無効と宣言されたからといって、チェコに対して賠償が支払われたわけではない。韓国が求める賠償の根拠までにはならないのだ。

けれども、賠償の根拠にならないにしても、併合を「無効」だと認めた事例が存在することの意味は大きい。韓国が日本の違法性を訴える上では一つのポイントになるだろう。

∇安倍政権との外交交渉だけで間違いを正せるか

では、日韓の交渉が開始されたとして、文在寅大統領はどうやったら目的を達成することができるだろうか。安倍政権が「植民地支配は違法でした」と謝罪し、賠償の支払いに同意する日は来るだろうか。

普通のやり方では難しい。というか不可能だろう。安倍政権というのは、植民地支配の問題では、戦後の自民党政権の中でも後進的な立場に属する。

戦後七〇年に際しての安倍首相談話は、先述のように四つのキーワード（「侵略」「植民地支配」「お詫び」「反省」）が入ったことで、世論は村山首相の戦後五〇年談話（一九九五年）並みと受け止めた。しかし、より精確に読めば、安倍談話において植民地支配の言葉が出て来るのは、「植民地支配から永遠に訣別し」という文脈においてだけである。一方、それに続く箇所で「我が国は、先の大戦における行いについて、繰り返し、痛切な反省とお詫びの気持ちを表明してきました」とある。つまり、「反省とお詫び」の対象は、「先の大戦における行い」に限られているのだ。「先の大戦」とは常識的にドイツのポーランド侵攻で開始された三九年以降の「第二次世界大戦」のことであり、それ以前の戦争（三一年の満州事件、三七年以降の日中戦争）を含まない可能性が強い。ましてや一九一〇年以降の朝鮮半島植民地支配を含むはずもない。

一方、村山談話が「反省とお詫び」の対象としたのは「植民地支配と侵略」であった。戦後六〇年にあたっての小泉純一郎首相談話（二〇〇五年）も、韓国併合一〇〇年にあたっての菅直人首相談話（二〇一〇年）もその点では同じ水準であった。安倍談話はそれを大きく後退させたのである。そんな首相が世界の先駆者になることを前提に、徴用工問題の解決策をあれこれ論じるのは意味がない。

▽野党が政権につけば間違いを正せるのか

野党が政権をとることに期待する人がいるかもしれない。あるいは村山政権のように野党出身者が首相を務める政権への期待である。

たしかに、村山談話は世界的に見ても先駆的である。けれども、その村山氏であっても、首相を勤めていた頃、植民地支配の違法性は頑として認めなかった。談話を出した直後にこの問題を追及された村山首相は、参議院本会議で次のように答弁している。

「韓国併合条約に関する政府の立場、認識についてのお尋ねでございますが、韓国併合条約は当時の国際関係等の歴史的事情の中で法的に有効に締結され、実施されたものであると認識をしております」（一〇月五日）

その後、村山首相は引き続く追及の中で、「当時の状況から判断してみて、対等平等の立場で締結されたものではないというふうに私は考えております」とまで踏み込んだ（一〇月一七日、参議院予算委員会）。しかし、それでも「法的」には有効という答弁は変えなかった。この点はそれまでの自民党政権と同じなのである。現在の安倍政権とも変わらない。

韓国大法院が求めているのは、まさにその「違法性」の確認である。野党の人物が総理大臣になったからといって、植民地支配の違法性を認めないという世界水準は簡単には超えられないのである。

村山首相は社会党出身であったが、政権は自民党が主導する連立政権だった。いま政治の焦点となっているのは、自民、公明の連立政権に替わる野党の政権であって、そのような政権なら村山首相と違う態度がとれるという人もいるかもしれない。しかし、例えば慰安婦問題をめぐっても二一世紀の初頭、当時の民主党、共産党、社民党が「戦時性的強制被害者問題の解決の促進に関する法律案」を提出したことがあるが、そこにも「国の法的責任」「国による賠償・補償」という文面はなかったのである。

日本共産党は、日本が朝鮮半島を植民地として支配していた戦前の時代から、それに反対を貫いていた。だから、もし日本で共産党の単独政権が樹立されるなら、劇的な変化が起きる可能性はある。しかし、共産党の単独政権をリアリティをもって考える状況にはないし、共産党自身がめざしているのも野党との連立政権である。

▽韓国は世界を相手にした闘いに乗り出すべきだ

日本の政治状況がこうであるから、植民地支配の違法性をめぐる日韓交渉は、結果として暗礁に乗り上げる可能性が強い。違法性に踏み込まないままで何らかの妥協的な解決をめざすのは、与党政権であれ野党政権であれ可能だろうが、それでは韓国政府は妥協できても、大法院とその背後にいる韓国国民は納得しない。妥協は慰安婦問題が迷走した末に決着しなかった過去の再来である。

要するに、日本国民の大多数が、植民地支配でいろいろと迷惑と損害をかけたという水準に止まらず、日本は犯罪を犯したのだという気持ちに達することが必要だということである。そういう国民の認識を背景に、与野党の指導者も同じ考えに至ることが不可欠だということである。

そのためにも、筆者は韓国に提案したい。それは、日本との外交交渉をそうやって継続しつつ、韓国は世界を相手にした闘いに乗り出すべきだということである。

かつての植民地支配が違法でなかった、合法だったというのは日本だけの認識ではない。日本の先輩である欧米列強に共通する見解である。国際法はまだそこから抜け出せていない。世界を変えない限り、この問題で光は見えてこない。

「日本が率先して変わればいいではないか」という立場があることは理解する。日本が先行して変わるのが望ましいという気持は、当然、筆者にもある。日本の変化が世界で最後になることは望まないし、日本が率先して変わるための努力を尽くすのは当然である。

しかし、おそらく、韓国が日本だけを相手に罪を責め立てるのは、日本に植民地支配の違法性を認めさせるには逆効果である。日本政府も国民多数も、植民地支配の先輩である欧米を差し置いて、なぜ日本だけが責められるのだと、どんどん頑なになりかねないからだ。

かつての宗主国で、植民地支配の違法性を認めた国は、これまで一つも存在していない。村山談話の水準は、違法性を認めていないにしても、国際的に見て高いものである。他の国が村山談話の水準にさえ達していない時に、日本だけがさらに前に進むのは簡単ではない。

∇日本の世論が韓国に同調する条件

日本が植民地支配の違法性を認めるとしたら、二つのケースが考えられる。一つは、国際法がそう変わる場合である。その場合は、違法性を認めるというよりも、認めざるを得なくなるということかもしれない。

もう一つは、韓国の振る舞いに日本国民が共感できる場合である。現在は、韓国が何か言えば日本側が反発するという構図になっているが、それが逆転する場合である。

例えば、韓国が日本に対する恨みをはらそうとして、いろいろ主張し、行動しているわけではないと実感させることができるかがカギではないか。韓国が日本から賠償を受け取るという目的だけではなく、植民地にされたアジア、アフリカの人々にも思いを馳せ、世界を支配するのが当然だとして襲いかかってきた欧米列強（韓国の場合は日本も）の間違いを正すような、崇高な事業をやっていると思わせることができるかどうかである。そういう場合には、国際法がまだ変わらない段階でも、韓国に対する日本の世論には好意的な変化が生まれるのではなかろうか。

安倍首相の戦後七〇年談話は、列強がアジアを植民地にしようとした時代を、こう振り返っている。

「一〇〇年以上前の世界には、西洋諸国を中心とした国々の広大な植民地が、広がっていました。圧倒的な技術的優位を背景に、植民地支配の波は、一九世紀、アジアにも押し寄せました。その危機感が、日本にとって、近代化の原動力になったことは、間違いありません」

当時、第一次大戦後のベルサイユ平和会議に代表団を送った日本は、国際連盟規約に人種差別禁止条項を入れようとして努力したとされる。それを日本の先駆的な提案として評価する人も少なくない。けれども、他方では当時、すでに朝鮮民族を支配していたわけだから、この提案の意義を額面通りに受け取るわけにはいかない。しかし、どこかの時点までは、人種差別を憎む気持は日本にとっても真剣なものだったはずである。

韓国がいま、世界を相手にして日本のかつての理念を実現しようとしていると理解すれば、日本人の共感も広がっていくのではないか。そうなれば日本も、欧米による植民地支配を拒絶する決意をした過去を思い起こし、欧米列強の当時の植民地支配を犯罪だと認めさせる立場に立つ可能性が生まれる。それは朝鮮半島支配の総括抜きにできないことで、苦痛を伴うものではあるが、どこかで決断しなければならないものである。それによって、差別され続けた人々と団結する道を踏みだすことも可能だと思うのである。

そのために韓国は何をすべきだろうか。次にそれを考える。

3、文在寅は韓国のマンデラになれ

植民地支配に関する国際法を変えるとすると、旧植民地諸国の団結が不可欠だ。しかし同時に、欧米列強がかつての自国の支配は犯罪だと認めない限り、そのような変革は成し遂げられない。この事業のそのような性格を考える時、一人の人物が浮かび上がる。南アフリカのANC[注6]の指導者として牢獄に三〇年近くつながれ、九〇年に釈放され九一年に大統領になったネルソン・マンデラである。文在寅が韓国のマンデラとなれるなら、植民地に関する国際法を変革する可能性が生まれるのではないのだろうか。

▽ダーバン会議はなぜ開かれたのか

二〇〇一年のことであるが、植民地支配に関する国際法が少し変わるのではないかと予感させるイベントが開催された。開催場所はマンデラが闘った南アフリカのダーバン。開催地の名前をとってよく「ダーバン会議」と呼ばれるが、正式名称を「人種主義、人種差別、外国人排斥及び関連する不寛容に反対する世界会議」という。約一五〇か国の政府が参加し、NGOも集まった。

この同じタイトルをつけた会議は、一九七八年と八三年にも開かれている。その当時の会議には、南アフリカのアパルトヘイトを廃止させること[注7]を主題に、世界中から国連加盟国が集まってきた。そして、九〇年を前後してアパルトヘイトが解決したことをふまえ、二一世紀になり、奴隷制や植民地主義の問題を焦点として、名称は同じままで会議を開くことになったのである。

アパルトヘイトの問題は、旧植民地諸国にとっても切実な問題であった。世界のほとんどの地域では、一九六〇年代までに植民地支配が終わって独立が勝ち取られ、人種の平等が実現したのである。ところが南アフリカだけは、七〇年代になっても八〇年代になっても、白人による黒人に対する差別が深刻なかたちで存続し、世界中の心ある人を嘆かせていた。その中でマンデラは、世界中の運動を団結させる役割を果たしていた。

「この頃には世界中から、マンデラ釈放を闘いの最高のシンボルとして反アパルトヘイト運動が盛り上がっていた。マンデラは、まさしく南アフリカの解放運動の象徴として人々をつないでいた」（宮本正興・松田素二編『新書アフリカ史』講談社現代新書）

∇アパルトヘイト廃止のための世界の闘い

国連の中では、旧植民地諸国が多数を占める総会を主な舞台にして、アパルトヘイトを糾弾する闘いが進んでいく。例えば、国連総会は七三年、南アフリカ政府には人民を代表する資格がないという決議を採択し、翌年から南ア政府代表団の国連総会信任状は拒否されるようになる。さらに総会議長は、信任状が拒否されたことは南ア政府代表の総会出席が拒否されたものだと解釈する裁定を行い、アメリカの強い抗議にもかかわらず採択され（賛成九一、反対二二、棄権一九）、それ以降、南ア政府は総会に参加できなくなる。他方で、国連総会は七五年、民族解放団体が南ア人民の「真正の代表」であると決議し、翌年の決議ではANCの名前をあげてそのことを確認した。それ以降、ＡＮＣが国連総会にオブザーバーとして参加できるようになったのである。

問題は、その決議に反対したアメリカをはじめとする欧米諸国であった。国連総会は、アパルトヘイトをやめさせるため、南アに対する経済制裁を行うよう国連安保理に求め続けるのであるが、南アと政治的経済的に結びつきの強いアメリカ、イギリスなどが反対し、七〇年台半ばまでは拒否権によって葬り去られていた。欧米諸国は、「孤立化させるとかえって反発を生み、逆効果だ」とか、「制裁の結果、迷惑をこうむるのは黒人だ」などと言って、制裁に及び腰だったのである。マンデラがＡＮＣの軍事部門の責任者として裁判にかけられ、投獄されていたことも、躊躇の背景にあったかもしれない。

そういう中で、国連安保理は七七年、はじめて強制力をもつ経済制裁決議を全会一致で採択し、武器の禁輸のために一致して行動することになった。その後、欧米諸国は独自の経済制裁も実施するようになる。

∇欧米的価値観に訴えたマンデラ

なぜそのような変化が生まれたのか。なぜ欧米諸国も含め、武装闘争を担ったマンデラ釈放で一致できたのか。もちろん、異常な黒人差別が欧米諸国の価値観と一致しなかったことが根本的な理由ではあるが、マンデラも欧米の価値観を共有し、欧米に語りかけたことが大きいと感じる。その一端は、マンデラが裁判で読み上げた四時間にわたる「声明」でもうかがい知ることができる。自伝（『自由への長い道』日本放送出版協会）から引用してみよう。

「ＡＮＣの思想的信条は、昔も今も、アフリカ民族主義を土台としています。これは、〝白人を海へ突き落とせ〟という叫びで表わされるような形の民族主義ではありません。ＡＮＣが掲げるアフリカ民族主義は、アフリカ人が自分たちの国で自由と自己実現を勝ち取るという考え方です。……

マルクス主義の文献を読み、マルキシストたちと話をするなかで、わたしは、共産主義者が西欧の議会制度を非民主的で反動的なものと見なしている印象を受けました。しかし、それに反して、わたしは西欧の制度の信奉者なのです。

マグナカルタ、権利の請願、権利の章典は、世界じゅうの民主主義者にあがめられている文書です。わたしは英国の政治機構に、そして司法制度に、大きな敬意をいだいています。英国の議会こそ、世界でいちばん民主的な立法機関だと思いますし、英国の司法制度の独立と公正に対しては、いつも賞嘆せずにはいられません。アメリカの議会、アメリカの三権分立の原則、アメリカの司法の独立性にも、同じような感情をかきたてられます」

そう、マンデラが欧米的価値観の人であることが、欧米からの共感を勝ち取ることができるベースにあった。マンデラは裁判戦術としてこう述べているのではない。自伝では、自分の家にルーズベルト、チャーチル、ガンジーなどの写真を飾り、子どもに対してどういう人物かを伝えていたことも告白しているほどなのだ。

∇奴隷制と植民地主義が次の課題となった

アパルトヘイトが廃止されると、次に問題になったのが過去の奴隷制や植民地支配の問題であった。ダーバン会議では、これらの問題が「人道に対する罪」にあたるのではないか、謝罪や補償が必要なのではないかという問題が、戦後はじめて大規模に議論されたのである。議論の結果として採択された宣言のなかで、植民地主義と関連して重要なのは、以下の三つの項目である(引用は永原陽子編『「植民地責任」論』より)。

「我々は、大西洋横断奴隷貿易を含む奴隷制と奴隷貿易が、そのおぞましき野蛮さのためばかりでなく、規模や組織的な性格、そしてなかんずく犠牲となった人々の人間性を否定する点において、人類史上の恐るべき悲劇であったことを認め、さらに、奴隷制と奴隷貿易とりわけ大西洋横断奴隷貿易が人道に対する罪であり、またつねにそうあるべきであったこと……を認

める」（第一三項）

「我々は、奴隷制、奴隷貿易、大西洋横断奴隷貿易、アパルトヘイト、植民地主義、およびジェノサイドによってもたらされた幾百万もの男、女、子どもたちの甚大な人的被害と悲劇的惨状を認めて深く遺憾とし、関係各国に過去の悲劇の犠牲者たちの記憶を尊び、それらがいつどこで生じようとも非難され再来が予防されなくてはならないことを確認するよう求める」（第九九項）

「我々は、奴隷制、奴隷貿易、大西洋横断貿易、アパルトヘイト、ジェノサイドおよび過去の諸悲劇の結果として幾百万もの男、女、子どもたちに負わされた計り知れない苦痛と悲運を認め、遺憾とする。我々はさらに、深刻で重大な侵害行為についてすすんで謝罪し、適切な場合には補償を行った国々があることを明記する」（第一〇〇項）

∇植民地問題での世界の到達点

この三つの引用文を並べて一目瞭然なことがある。植民地主義と奴隷制の二つの問題が議論されたわけだが、最終的に合意になった時点では、両者の位置づけが大きく異なっていることである。

植民地主義は、第二の引用文にあるように、奴隷制と同様、幾百万もの人々に被害を与え、悲劇的惨状をもたらしたことが認められている。過去の植民地支配について、学術書ではなく政府間会議で、このような評価が下されたことは歴史上なかったのであり、大きな意味がある。また、各国政府は、「犠牲者たちの記憶を尊び」、被害の「再来」を予防することを求められており、これも大事なことである。

しかし一方で、植民地主義と奴隷制の位置づけは、やはり異なっている。第一、第二の引用を見れば理解できる。

第一引用文は、何が「人道に対する罪」に値するかを規定したものである。そこでは、奴隷制が「人道に対する罪」であることが認められたのに、植民地主義はそういう位置づけにはなっていない。植民地主義は犯罪だとは認められなかったということだ。なお、奴隷制にしても、それは「人道に対する罪」にあたるにしても、あくまで現在と未来であって、過去にさかのぼって罪を問うというものとはなっていない。

第三引用文は、謝罪と補償にふれた規定である。謝罪と補償は、実際にそれを行った国があることを指摘しているだけであって、それを推奨したり勧告しているわけではなく、ましてや義務にしているわけではない。しかも、その程度の謝罪と補償であっても、対象とされているのは奴隷制に限られるのであって、植民地主義は残念ながらその範疇には入っていない。

こうして、植民地主義が許されるものでないことは、現在の国際政治における合意事項となっている。過去の被害者のことは記憶にとどめなければならないし、その再来は防がねばならない。これらを確認できたことは、植民地体制が終焉して半世紀、人類がそれなりに進歩したことを示している。しかし、過去にさかのぼって謝罪したり、補償したりすることは、やはり国際政治の合意になっていないのである。

それにしても、ダーバン会議までの戦後半世紀以上にわたり、植民地主義が犯罪ではないかということが政府間の会議で議論されることはなかったのである。会議が開催されたこと自体が、この問題で世界が変化しつつあることを示している。

過去の植民地支配を犯罪とみなすべきだという韓国大法院の判決を受けて、文在寅大統領が挑戦すべき課題はここにある。ダーバン会議の成果をふまえ、韓国もまたこの流れに合流し、次のダーバン会議を期して、それをさらに前進させるべきではないのか。

∇旧植民地での犯罪が問題になる

二一世紀になり、会議で植民地支配が問題になるだけでなく、支配下で犯された犯罪にも光が当てられるようになっている。そのうちのいくつかでは賠償も支払われている。筆者は、数年前に『慰安婦問題をこれで終わらせる』（小学館）を執筆した際、かつての植民地の人々が宗主国の行為を裁判で訴え、判決もしくは和解によって原告側が勝利した事例を調査したが、二一世紀に入ってからでは以下のように三つの事例が生まれていた（それ以前に調査は及んでいないが、この種の問題が争われるのは最近なので、おそらく他には存在しないと思われる）。

一つは、ナミビアの事例である[注8]。ナミビアの人々がドイツを訴えたものである。ドイツがナミビアを支配していたのは一八八四年から一九一七年まで。この期間、いろいろ反人道的な行為があったとされるが、とりわけ、一九〇四年から〇八年、「ヘレロ」と「ナマ」の人々が蜂起した際、民族絶滅とも言える弾圧が加えられた。

それから一〇〇年近く経過した二〇〇一年、生き残ったヘレロの人々がドイツによる補償を求めてアメリカの裁判所に訴えを起こす。それをきっかけに、両国の間で交渉が開始され、二〇〇七年に両者の間で合意が達成される。その内容は、植民地支配のもとで特別の被害を被ったヘレロやナマなどの人々を対象として、その地域の灌漑《かんがい》施設や道路整備、地域集会所建設などの生活条件改善を目的に、ドイツが二〇〇〇万ユーロを提供するというものであった。また、この過程で、ドイツの大臣が現地で謝罪を表明した。

開発援助というかたちとなり、個々人にお金が渡ったわけではないので、日韓請求権協定と同じ水準である。しかも、問題になったのはジェノサイドであって、これも徴用工問題とは性格が異なる。植民地支配の違法性が確認されたわけでもない。参考にはならないかもしれない。

▽賠償が支払われた事例も存在する

残る二例は、個々人にお金が渡ったケースである。名実ともに「賠償」と言えるケースだ。

一つは、オランダがインドネシアの人々に賠償したものである。この地域は、もともとオランダに支配されていたが、第二次大戦中の日本による占領を経て、日本の敗戦とともに「インドネシア共和国」として独立を宣言する。これに対してオランダがふたたび舞い戻ってきて独立戦争が戦われるのだが、その過程において、オランダ軍がある村の人々のほとんどを銃殺したのである。

この事件は長期間にわたって隠されてきたが、九五年にオランダのテレビ局がドキュメンタリーをつくって以降、大きな焦点となる。独立六〇周年にあたる二〇〇五年、オランダの外相が現地を訪れ、「政治的道義的」な謝罪を行う。その後、生き残った被害者による裁判がオランダで開始され、三年に及ぶ審理の結果、オランダ国家の不法行為が認定されるとともに、国家に対する賠償を命じる判決が下されたのである。政府はこれを受け入れ、原告八名それぞれに対して二万ユーロを支払った。

もう一つは、イギリスがケニアの人々に対して支払ったものだ。ケニアは一九六三年までイギリスに支配されていたが、その最後の時期、「マウマウ」と呼ばれる人々の闘争が広がり、イギリスはこれを徹底的に弾圧していた。住民全体が強制収容所に入れられ、強制労働、拷問、性的拷問がくわえられ、犠牲者は数十万にのぼるという研究もある。

独立後のケニアは親英の穏健派が政権を握り、マウマウは非合法状態におかれたが、二一世紀に入ってようやく合法化されると（韓国で日本の植民地支配を問題にする人々が弾圧され、二一世紀前後になってようやく政権を獲得したのと似ている）、〇九年、五名の原告が補償を求めてイギリスで訴訟を起こす。補償の対象はコミュニティ全体とされた。イギリス政府は当初、責任があるとしても現地の植民地政府などであって本国政府は無関係という立場をとったが、裁判の過程で、本国政府がマウマウへの弾圧をつぶさに記録した公文書が多く発見され、しかも外務省が関係資料を隠滅していた記録も見つかり、責任はないとの主張は崩れていく。

こうして裁判では原告側が勝利する。一三年六月、イギリス政府は、植民地支配下で拷問等が行われたことを認め、謝罪を表明するとともに、総額一九九〇万ポンドの賠償金の支払い、ナイロビでの記念碑建設への支援を発表したのである。原告は五名だったが、賠償金の支払対象者は五二二八人とされた。

▽問題になったのは植民地支配そのものではない

この二つの事例では、原告側が裁判で勝利し、宗主国側の違法行為が認定され、賠償が支払われた。今回の徴用工裁判と同様の事例が韓国以外でも存在するではないかと思う人がいるかもしれない。

しかし、ここで問題になった宗主国側の違法行為とは、植民地支配そのもののことではない。特定の集団に対するジェノサイド（集団殺害）とも言うべき犯罪行為が違法行為だとされたのである（ナミビアも同様）。そういう行為は植民地支配下で犯されるかどうかにかかわらず違法行為なのである。

一方、いま韓国側が求めているのは、自分たちが被った被害がジェノサイドだから違法であり、賠償すべきだということではない。自分たちが非人道的犯罪行為（ジェノサイドには至らないという認識だと思われる）の被害者であることを前提にし、かつその問題は請求権協定で解決しているることは理解しているのだが、これを違法な植民地支配と結びついた行為と捉え直すことにより、あらたな賠償を求めているのである。

したがって、文在寅大統領がそこで成果を得ようと思えば、国際社会のこうした到達に安住していてはいけない。この到達をふまえ、どうすれば世界の認識を新たな段階に引き上げられるのか、真剣に検討しなければならないのだ。この間のダーバン会議に関連した取り組みでは、主体になっているのはアフリカ諸国であり、韓国はあまり積極的でなかった。しかし、韓国が植民地支配の違法性を確認したいというなら、闘うべき舞台はここにある。アジアの国々をここに積極的に関与させ、アフリカの国々と手を携えて立ち向かえるかが大事である。

∇植民地支配を犯罪とする上で必要な飛躍

では、世界の認識を引き上げるために、何が必要か。アパルトヘイトというのは、欧米の価値観にも反するものであるが故に、その廃止を求めるのに欧米には思想的な飛躍は不要だった。一方、植民地支配をめぐっては、三つの飛躍が必要となる。

一つは、植民地支配は文明を与えた行為だという概念が、旧宗主国の側にぬぐいがたく残っていることである。何か重大な犯罪行為が行われたという場合も（奴隷制度が最たるものだ）、植民地支配の崇高な理念に反して行われた（理念自体は素晴らしいということだ）と捉える考えである。

これは、現在も将来も植民地支配が違法だとみなされたことにより、やがては克服されていくものと思われるが、自覚的な努力によって早めさせなければならない。

二つ目は、植民地支配は国家の政策であって、それ自体が犯罪となるものではないという考え方である。これはわかりにくいかもしれない。通常、犯罪とは人に危害を与えるようなものを指すが（だからジェノサイドが犯罪だというのは誰もが理解できる）、ある地域を植民地にする行為は、それ自身では人を傷つける行為とは言えず、犯罪として扱うべきではないとする考え方である（この政策の遂行過程でジェノサイドが行われれば、それが犯罪となる）。侵略という行為についても、同じように国家の政策だから犯罪の対象としてなじまないという議論があったが（その過程で引き起こされた戦争犯罪を裁くのは当然だとして認めるが）、国際刑事裁判所規程で犯罪とされた。植民地支配問題でも努力次第で克服可能であろう。同規程で植民地支配が犯罪として扱われていないのは、植民地支配は侵略の結果としてあらわれるものであって、侵略を犯罪とすれば事足りるということではなかろうか。

∇罪刑法定主義の扱いでも飛躍が必要である

最後に三つ目である。この飛躍がそう簡単ではない。植民地支配と結びついた徴用工の労働が犯罪になるとして、七〇年以上が経過した現在、その賠償を請求できるかという問題である。近代刑法では罪刑法定主義といって、法律で犯罪と定められることによってようやく裁かれることが原則とされるが、今後、過去の植民地支配が犯罪にあたることになったとして、いまになって果たしてそれを裁けるのかということである。

たしかに例外はある。一九六八年の国連総会で採択された「戦争犯罪および人道に対する罪に対する法令上の時効不適用に関する条約」は、集団殺害に関しては「その犯罪の行われた時期にかかわりなく、(時効は)適用されない」としており、ナチスの犯罪を永遠に裁けるようにしている。ドイツだけでなくフランスもナチスの犯罪に時効を適用しない法体系を有している。

ただし、この条約が決議された際、賛成したのは五八か国に止まり、反対七か国、棄権が三六か国あり、二三か国は裁決に加わらなかった。反対が一つもなかった「植民地独立付与宣言」とは比較にならないのだ。さらに、ナチスに対してはこの条約を適用しているフランスも、自国がアルジェリアなど植民地で犯した犯罪には適用していない。

しかし、かつての植民地支配の違法性と、それを取り決めた条約の無効を政治的に確認するだけなら(犯罪として賠償を求めるのでなく)、混乱を回避できるかもしれない。大きな質的飛躍は必要だが、近代刑法の原則を変えるわけではないからだ。これなら欧米も含む世界の合意を得ることは可能ではないか。

▽韓国の中では罪刑法定主義に変化があるが

韓国は、民主化が進行する中で、罪刑法定主義に固執しなくなった。一九八〇年五月に発生した光州事件に関して、金泳三文民政権ができたあと、運動団体が全斗煥などを告訴するのであるが（九五年七月）、「検察は「成功したクーデターは処罰できない」として不起訴処分に」したのである（文京洙『韓国現代史』岩波新書）。しかし、いろいろな経過を経る中で一二月、「五・一八特別法」が制定され、関係者が告訴された上、有罪判決を受けることになるのである。この法律は、光州事件によって発生した事態を「憲法秩序破壊犯罪行為」と位置づけ、関連する罪に時効を適用しないことにしたものであった。日本から眺めていると、韓国は政権が変わる度に以前の指導者が裁かれると見えているが、こうした事情が存在するわけだ。

その後、韓国における時効不適用は、日本による植民地支配時代に「親日」の罪を犯した韓国人にも広がってくる。そして、徴用工に関する大法院判決というのは、その罪が韓国人に止まらず、日本人にも広がっていることの反映である。

こうした考え方が、韓国内で適用される限り、韓国の主権の範囲のことである。国民が選挙で選んだ政権が決めるわけだから、罪を問われる人も主権者として選挙で投票した結果なので、受け入れることは容易だろう。

けれども、その罪を韓国の主権の及ばない海外に適用するというわけだから、日本は困惑するわけである。しかも、韓国の人はよく「反日」とは植民地支配時代の日本のことであって、現在の日本ではないと説明するが、賠償を求められているのは現在の日本企業なのである。やはり先述のように、植民地支配の違法性は確認するにしても、補償は見舞金的なものにする必要があろう。

∇アフリカの要求を拒絶するようになった欧米諸国

ところで、ダーバン会議の成果はその後、後退しているのが現実である。ダーバン会議は、ただ一回限りで終わりという性格のものではなく、会議の成果をどう生かしていくのか、その後も議論が続いているのだが、旧宗主国側の反抗が強まっているのだ。

例えば二〇〇九年四月、ダーバン会議で採択された宣言と行動計画の履行・進展状況を評価することを目的にした会議がジュネーブで採択された。ところが、この会議には、そもそもドイツ、イタリア、オランダ、カナダ、オーストラリア、ニュージーランドなどが参加もしなかったのである。その理由は、ダーバン会議における「アフリカ諸国による奴隷制に対する謝罪と補償要求及びイスラム諸国によるイスラエル非難等により……建設的な議論が期待できない」からというものであった（外務省のホームページ、「人種主義、人種差別、外国人排斥及び関連する不寛容に反対する世界会議」（概要と評価）より）。さらに、この二〇〇九年の会議の場においても、イラン代表がイスラエルをパレスチナ占領地における人種差別政府であると批判すると、参加していたEU各国はいっせいに退場し、議場にはハイレベルのEU代表は一人もいなくなったとされる。

このような対立を背景に、採択された文書は、誰もが賛成できる「一般的表現」に止まった（同右）。現在、かつてのダーバン会議のように、「謝罪」や「補償」が堂々と議論され、文書に盛り込まれるような状況ではなくなっている。

なぜそのような後退が生まれているかと言えば、大きな要因は9・11である。それまでは、国連総会で南ア政府が代表権を失い、ANCがオブザーバーで参加するに至ったことに象徴されるように、解放闘争というのは崇高な理念を掲げており、やがては国民多数の支持を得るものだとみなされてきた。しかし、9・11以降、とりわけ武力を使った闘争はテロと同じようなものとして扱われ、国際社会における地位の低下が著しい。

▽マンデラ的な手法だけでは飛躍はない

分野の異なる話になって恐縮だが、核兵器禁止条約が二〇一七年に採択された。それまで日本の原水爆禁止運動をはじめ世界の平和運動は核兵器の廃絶を求めてきたが、ずっと実現できないでいた。それが可能になったのは、アプローチの仕方を変えたことも大きい。

それまで平和運動において主張されていたのは、実際に核兵器をなくすプロセスまで含む条約の作成であった。それに対して、まず核兵器は違法だと宣言するにとどめたところに核兵器禁止条約の最も大事な特徴があり（実際に廃絶に踏みだすプロセスまで決めるのは核保有国が抵抗して簡単ではない）、だからこそ合意が容易になったという側面もある。

今回の問題をめぐっても、まずは日韓基本条約の解釈を一致させるという点にしぼって、まずは交渉を開始するのである。それならば、交渉の結果にかんする思惑は別物であっても、日韓は合意できるはずなのである。日本企業の資産売却も防げるのだ。その上で、韓国側は、みずからが考える理想的な決着に向けて努力すればいいではないか。

それにしても、植民地支配の違法性を確認するだけで、世界を変えるような大事業なのである。想像もつかない努力が求められる。核兵器禁止条約が、伝統的な平和運動にくわえて、ＩＣＡＮ（核兵器廃絶国際キャンペーン）のような新しいＮＧＯの登場によって促されたように、この分野でも新しい運動の形態が求められるだろう。

ただしかし、伝統的な国際法を根本的に変革するのは、やはり容易な事業ではない。そういう国際法の変革はそもそも可能なのだろうか。

世界の歴史を顧みると、過去に一度だけ、そのような変革が行われたことがあった。一国で行われた変革が、世界を変えてしまった事例である。それが第一章の冒頭でも紹介した社会主義の出現であった。社会主義が崩壊してしまった現在、それが持った意味をほとんどの人は忘れていると思われるので、次節で論じることにする。

マンデラは、世界を変えることに貢献したが、それでもなお欧米的常識の人であった。アフリカの政治にも欧米の常識を適用させることによって、アパルトヘイトを廃止させたのである。一方、社会主義革命を成功させたレーニンは、欧米の常識に挑戦し、それを変革したのである。文在寅が植民地支配に関する欧米の常識を変えるには、レーニンと社会主義の事業にこそ注目し、見習わなければならないのかもしれない。

4、「新外交」への変革とレーニン

社会主義といっても、すでに三〇年前に終わった体制であり、いま生きている人々の半分には記憶すら存在しないだろう。しかも失敗した体制であって、何らかの意味を持っていたと考える人は、皆無といっていいほどだと思う。けれども、そうバカにするようなものでもないのだ。いくつか眺めてみよう。

∇政府代表以外が条約の締結に参加するＩＬＯ

時々、新聞やテレビで、ＩＬＯという言葉を聞くことがないだろうか。日本語では「国際労働機関」と訳される。創立は一九一九年だから、それ以降ちょうど一〇〇年が経過しており、労働時間や労働者の権利に関する条約を数多くつくっている。創立後最初につくった条約が、一日の労働時間を八時間に、週の労働時間を四八時間に制限するものであった。最近（一九年六月）では、セクハラやパワハラを禁止する史上初の条約を採択して注目された。

通常、条約の作成は国家の仕事である。国連その他の会議に政府代表が参加し、条約案を審議し、採決にあたっても政府代表が投票を行う。最近、審議の際にＮＧＯの発言を認めたり、条約の中にＮＧＯの貢献を書き込むような事例が生まれているが、責任を負うのはあくまで政府である。

ところがＩＬＯだけは違うシステムをとっている。条約の採択に当たって各国は四票を投じることになっていて、そのうち二票は政府代表なのだが、残りは使用者代表が一票、労働者代表が一票と決められている。労働者代表まで条約の投票権が認められているのである。ＩＬＯは、第一次大戦後の講和を審議するベルサイユ平和会議で設立が決まり、平和条約で機構の概要が決まったのであるが、すでにその時点でこのシステムは決まっていた。現在ほどには市民運動は発展していないし、普通選挙権さえ普及していなかった時代である。

∇ロシア革命が生んだ革新

この秘密について関係者に語ってもらおう。まず、労働省（当時）の審議官でＩＬＯ総会の日本政府代表を務めたこともある飼手真吾氏だ。

「平和会議に臨んだ列国の政治家をして、平和条約において労働問題につきなんらかの措置を講ぜざるをえないと考えせしめるに至った決定的要因は、ロシア革命とその影響であった」（日本労働協会『ＩＬＯ　国際労働機関』改訂版、一九六二年）

飼手氏は、この著作で以上のことを書いた際、ＩＬＯの第四代事務局長であったエドワード・Ｊ・フィーランのＩＬＯ創設三〇周年記念論文を引用している。その記念論文は以下のようなものであった。

「ロシアのボルシェヴィキ革命に引続いて、ハンガリーではベラ・クンの支配が起った。イギリスでは職工代表運動が多数の有力な労働組合の団結に穴をあけその合法的な幹部達の権威を覆えした。フランスとイタリーの労働組合運動は益々過激に走る兆候を示した。……

平和条約の中で労働問題に顕著な地位を与えようという決定は、本質的にいえば、この緊急情勢の反映であった。平和会議は、条約前文の抽象論や、提議された機構の細目等については余り懸念することなしに労働委員会の提案を受諾したのである。こういう事情でなかったならば、おそらくは、機構の細目における比較的大胆な革新――例えば、国際労働会議において非政府代表者にも政府代表者と同等の投票権や資格を与えるという条項の如き――は、受諾し難いものと考えられたであろう」（「ＩＬＯの平和への貢献」（『ＩＬＯ時報』五〇年一月号　原典はINTERNATIONAL LABOUR REVIEW,Jun.1949）

▽新政権が布告した八時間労働布告の影響

このようにＩＬＯの当事者自身が、ＩＬＯの創設はロシア革命の影響だと述べているわけだ。それがなければ、労働者代表にも投票権を与えるような大胆な革新はなかっただろうと認めているのだ。

これは当時の情勢を見るとよく理解できる。一九一七年一〇月に革命を成功させたロシア新政権はただちに、一日の労働時間を八時間とする布告を発表した。この中で、「労働時間は『一昼夜に八時間および一週に四十八時間を超えてはならない』ことが確定された。……同布告によって休息および食事のために労働日の義務的な中断が定められ、休日と祭日が決定され、時間外労働の使用は厳格な枠によって制限された。女子および未成年者の労働に対しては特別な保護が規定され」（『ソヴィエト労働法　上巻』厳松堂書店）たという。

一日八時間労働といえば、カール・マルクスがこの五〇年前に掲げ、各国の労働運動が求めてきたものであった。ところが各国政府はそれに耳を傾けず、労働者を酷使してきたのである。ところが、社会主義を掲げて誕生したロシアで、一挙に八時間労働が実現してしまう。

各国政府の驚きはいかばかりだっただろうか。当時、各国にも強力な労働運動が存在し、共産党を名乗る党もあった。そういう勢力が、ロシア革命の成功を受けて八時間労働が夢物語ではなくリアルなものであることを実感し、フィーランが書いているように各国で革命をめざした運動を活発化させるのである。それが国民の支持を受けていた。

みずから八時間労働を採用することを宣言しないと革命が起きてしまうかもしれない。そういう恐怖感の中で、ロシアに続いて一七年中にフィンランドが、翌一八年にはドイツなど五か国が、一九年にはフランスなど八か国が八時間労働制に踏み切ったとされる。ＩＬＯの八時間労働条約も、そのような動きの中での出来事であった。

ここには、国際法がどのような場合に変革されるのかということについて、生きた事例が存在しているように思える。本書の主題でもある植民地支配についても、ロシア革命の影響は非常に大きなものであった。

▽米ウィルソン大統領の「新外交」

国際政治の世界で、「新外交」という言葉が使われた時代があった。アメリカ大統領ウィルソンが、一九一八年一月に公表したいわゆる「一四か条の平和原則」にもとづき、精力的に展開した外交を指す言葉である。イギリスやフランスの「旧外交」との対比で使われた言葉だ。

「一四か条の平和原則」は国際連盟を創設する基礎となったものであるが、どこに新しさがあったのか。いくつもあるが、まずその基本精神である。一四か条を列挙したあとに、次のように述べられている（以下、日本語はアメリカンセンターの仮訳による）。

「以上に述べたような、間違いの根本的是正と正義の主張に関しては、われわれ自身も、帝国主義者に対抗して団結するすべての政府と国民の親密な仲間であると自認している」

一四か条は、帝国主義が犯した間違いの是正のために出されたというのである。アメリカは帝国主義者に対抗する仲間だというのである。

その帝国主義の間違いを是正する具体的な原則とはなにか。例えば、「一四か条」の最初にあげられている「開かれた外交」である

「開かれた形で到達した開かれた平和の盟約。その締結後は、いかなる種類の秘密の国際的合意もあってはならず、外交は常に率直に国民の目の届くところで進められるものとする」

それまで外交といえば（これが「旧外交」）、秘密外交が常識であった。海外の土地を領有することについて、自国の国民にもその土地に住む人々にも知らせず（後者については独立を約束したりしながら）、実際には列強同士が「この地域はこうやって分割してお互いの領土にしよう」と合意し、実施していたのである。

二番目の「公海の自由」も、三番目の「貿易条件の平等」も、四番目の「軍備の縮小」も、帝国主義が領土だけでなく海や貿易までも囲い込み、そのために軍備を拡大する中で、非常に新鮮

な提起だったと言える。「新」外交にふさわしいものだった。

∇ロシア新政権の「平和についての布告」の影響

ウィルソンはなぜこうした新しい提起をしたのか。旧外交に囲まれた中で、なぜそれができたのか。そこに、革命によって誕生したロシアの新政府が出した「平和についての布告」の影響があることは、ほとんど常識とも言えることだ。歴史学者の評価を日本と海外から一つずつ紹介する。

「レーニンらのボリシェビキは、一一月、政権を獲得し、『平和に関する布告』を発表して無併合・無償金・民族自決の原則に基づく交渉による講和を追求し始める。彼らは、ツァーリのロシアが結んだ秘密条約を公表しようとする。ウィルソンの新外交にとって、これはわが意を得たことであったが、それ以上に挑戦状であった。レーニンの目指していたような社会変革をウィルソンは望んでいなかったからである。挑戦者に負けまいとして、ウィルソンが一九一八年一月、公表したのが、公海の自由・秘密外交の廃止・民族自決などをうたうかの『一四ヵ条』だった」（西川正雄・南塚信吾『帝国主義の時代』講談社）

「こうして、革命のつぎの日の第二回全ロシア・ソビエト大会で承認された平和布告は、……ちょうど二ヵ月後に発せられた一四ヵ条の直接的先駆とみなされるに足るものとなった。実際、ウィルソンの一四ヵ条演説をうみだすうえでこの宣言が間接的に果した役割は、十分に証拠だてられている。それは、『すべての交戦国の国民とその政府』に向けられて世界中に放送された、講和の即時締結の提案であった」（E・H・カー『ボリシェビキ革命』第三巻、みすず書房）

▽レーニンの「無併合・無賠償」の講和の意味

「平和についての布告」は、ロシアの新政府が革命の翌日、最初に出した布告（八時間労働の布告より早い）の一つであった。「無併合・無賠償」の講和が打ち出されたものとして有名である。一九一四年に開始された第一次世界大戦は多大な犠牲をもたらしていたが、それをどう終わらせるかについて、どの国も具体的な展望を示せていなかった。それまでの古い戦争においては、戦争に勝った側がどう相手の国を併合し、どう賠償を勝ち取るかが終戦の基準となっていたが、泥沼化した第一次大戦では決定的な勝利をどちらも展望できなかったのである。

そこにあらわれたのがロシア政府である。これまでの戦争の常識を打ち破って、併合もなし、賠償もなしで戦争を終わらせることを提示したのである。戦争に苦しむ各国の国民の渇望していたものであった。これは国際的には新機軸であったが、ロシア政府を率いていたレーニンにとってはかねてからの主張であった。戦争が開始された一年後、すでに次のように述べている。

「もし革命によってプロレタリアートの党がこんにちの戦争で権力につくようになったら、党はなにをするか、という問題にたいして、われわれはこうこたえる。われわれは、植民地と、すべての従属的な、抑圧されている、完全な権利をもたない諸民族の解放を条件として、すべての交戦国に講和を提議するであろう」(『レーニン全集』第二一巻、大月書店)

レーニンにとって第一次大戦とは、帝国主義が世界中を植民地化した結果、新たに植民地となるような場所さえなくなったもとで、既存の植民地を再分割するために起きた戦争であった。どちらの側も帝国主義の野望にもとづき、植民地を維持、拡大しようとするものであって、どちらの側にも道理はなかったのである。だからこそ、政権をとった直後に、戦争の結果として他国を併合して植民地を拡大してはならないことを打ち出したのである。

▽「無併合・無賠償」を実践したレーニン

レーニンは、「無併合」を口先だけのものにしなかった。サイクス・ピコ協定をはじめとする秘密協定を暴露するとともに、みずから帝政ロシアが併合していた地域の独立を実行していったのである。

ロシア新政権が公布した関連布告の中に、「ロシア諸民族の権利宣言」があった。帝政ロシアは、フィランドやポーランド、バルト三国のエストニア、ラトビア、リトアニアなどの諸国を併合し、ロシア帝国の構成員にしていたのだが、この「権利宣言」により、すべての民族にロシアから分離し、独立国家をつくる自由を認めたのである。そして実際、これらの国はロシアから独立していった。

共産主義を憎悪する当時の国際環境のもとで、これらの国の独立を認めるのは、ソ連に対する包囲網を広げるのと同義であった。実際、フィンランドやバルト三国は、その後、ロシアに対する干渉戦争の基地となったのだが、それでも独立を認める新政権の方針に変化はなかった。そしてそういう潔い態度が、やがてはこれらの国でロシアに好意的な潮流を生み出していくのである。

ヨーロッパだけではない。実際に返還するのは数年先になるのだが、新政権はアジアの国々にも帝政ロシアが奪った領土の返還を約束し、実行していく。

例えばトルコである。革命直後の一七年一一月二〇日、レーニンはイスラム諸国民にあてた訴えを発表し、コンスタンチノープルの占有を取り決めた秘密条約を破棄すると明確にした。こうして二一年三月、ロシアとトルコの友好条約が締結された。

あるいはペルシャ（現在のイラン）である。新政権は一八年一月、帝政ロシアがイギリスとともに結んだ一九〇七年の英露協定（ペルシャの分割と利権の獲得を決めた）を破棄し、領土を返還することを約束した。そして実際、二一年二月にペルシャとの条約を結んで、領土を返還していくのである。

▽ウィルソンとレーニンの交流

レーニンの攻勢にどう対応するかは、資本主義国の支配層にとって、緊急かつ共通の課題となる。これに真正面から対応しなければならないと悟ったのがウィルソンであった。

ウィルソンは、一二月の米議会における演説の中で、無併合無賠償について、「ただしい考え方」「あらゆる地域のごく普通の人々の、権利についての本能的ともいえる判断をあらわしている」と評価している。さらに翌一八年一月、「勝利なき平和」を交戦国に求めたりもする。それに反して実際には英仏側に立って参戦することを決めるのであるが、その際もウィルソンは、議会へのメッセージにおいて、「いかなる征服」も「いかなる支配」も望まないこと、「賠償をもとめない」ことを述べていた（A・J・メイア『ウィルソン対レーニン――新外交の政治的起源　1917-1918年』岩波書店）。

これがレーニンの立場と共通することは、当時のアメリカ外交の当事者にとっても自明のことであった。のちにアメリカの駐ソ連大使を務めたジョージ・ケナンも、「レーニンの『併合なき』という言葉と、ウィルソンの『無征服、無支配』という言葉には類似性がある」「『無賠償』という用語は結局両者とも同一のもの」と指摘しているほどだ（『レーニン、スターリンと西方世界』未来社）。

こうして出されたのが「一四か条」だったのである。個々の原則を説明する文脈の中でウィルソンは、ロシア側からの提案について、以下のように高く評価している（アメリカンセンターが紹介する「一四か条」は仮訳も原文もロシアの主張を評価するウィルソンの言葉を載せていないので、前掲のメイア『ウィルソン対レーニン』から引用した）。

「世界の動揺した空気いっぱいに拡がっている多くの感動的な声の中でも、とりわけ人を感激させる力と説得力とを備えていると思われる声が一つあるが、その声も、「戦争の」原則と目的を明確にすることを求めている。その声とはロシアの人々の声に他ならない」

「彼らの見解の広さ、精神の寛大さ、それに彼らが人間的なものに寄せる共感の普遍性は、人類の友すべての賞賛の念を呼び起こさずにはおかない」

「ロシア代表は、講和締結の基礎となる原則をきわめて明確に述べたばかりでなく、その原則を具体的に適用する計画をも同様に明確に提示した」

これに対してレーニンは、「ウィルソンのメッセージについての決議草案」を執筆しているとき、ウィルソン大統領がソビエト大会を通じてロシア国民への同情を表明されたことにつき、……感謝の意を表明する」としたものであった。その上で、「ウィルソン大統領がこの国に寄せたメッセージを利用して、帝国主義戦争の恐ろしさをなめ、破壊しつつあるすべての国民にたいし、熱烈な同情を表明する」として、戦争の終結を呼びかけたのである。

(『レーニン全集』第二七巻、大月書店)。それは、「(ロシアが)苦しい試練にあっているとき、ウィ

∇民族自決問題での「一四か条」の意味と限界

第一次大戦の結末を知るものにとっては、このウィルソンとレーニンのやり取りには、いくらか違和感が残るだろう。「無賠償」と言いながら、ドイツには過酷な賠償が科せられた。「無併合」はただのお題目だった。国際連盟は、ドイツが太平洋に持っていた植民地の島々を日本の委任統治領として認めるなど、名前を変えて併合を正当化した。

何よりも問題なのは、無併合とも関連するが、「民族自決」である。ウィルソンの「一四か条」は民族自決を打ち出したと評価される。実際、その中では、いくつかのヨーロッパの国々の名前

をあげて、「政治的、経済的な独立と領土保全」をうたっている。しかし、具体的な約束の対象はヨーロッパにとどまっており、民族自決の原則を規定した箇所の実際の文面は以下のようなものである。

「植民地に関するすべての請求の、自由で柔軟、かつ絶対的に公平な調整。その際には、主権に関するそうしたすべての問題の決着に当たっては、当事者である住民の利害が、法的権利の決定を待つ《ママ》政府の正当な請求と同等の重みを持たされなければならない、という原則に基づくものとする」（前出のアメリカンセンター仮訳）

つまりは宥和である。一方で、植民地の「当事者である住民の利害」が尊重されなければならないとは言う。しかし他方で、その植民地の「法的権利の決定を待つ《ママ》政府の正当な請求」も同じように尊重されなければならないというのである。「法的権利」は宗主国が持つという現実を容認していたのである。イギリスやフランスの「旧外交」に縛られていたわけだ。

ただしかし、植民地の問題の解決に当たっては、「当事者である住民」が大事であるとする考え方が、宗主国でもあり、その後の国際政治において第一級の影響力を持つことになるアメリカから発せられたことは重要であった。そして、そういう考え方を導いたのは、植民地の解放を掲げ、政権をとると実際に併合地域を解放していったレーニンのイニシアチブだったのである。

▽植民地支配を犯罪と認めない政府が正統性を失うまでに

ウィルソンとレーニン後の国際政治を知るものにとって、以上で指摘したことは、あまり現実味を持って響かないかもしれない。何より、帝国主義列強の秘密協定を暴露し、併合地域を独立させていったソ連が、その後、秘密協定を結んでバルト三国やポーランドなどを併合していった。笑えない笑い話のようなものである。

しかし、その時、やはり歴史は変わった。植民地の領有が当然だと思われていた世界で、ロシア政府が宣言し、実行したことが、アメリカを動かし、ヨーロッパにも影響を与えたのである。なぜそういうことができたかと言えば、究極的には、帝国主義列強の政府が、政権を維持していくことの正統性が失われることに恐怖したからである。「八時間労働は約束しない」とか「賠償が実現するまで戦争を継続する」などの考え方が当時の列強に蔓延していたのだが、ただちに八時間労働を実現し、無条件で戦争から離脱したロシア政府があらわれたことにより、深刻な挑戦を受けたのである。ロシア政府の呼びかけに応える勢力が自国で支持を広げていけば、政権が持たなくなることを自覚したのである。

現在、かつての植民地支配を違法だとして謝罪していないのも、第一次大戦で植民地獲得のために戦った列強である。第二次大戦を経て、一九六〇年の植民地独立付与宣言も採択され、植民地支配は違法化されたのに、かつての支配は合法だったと考えているのである。

そこを打ち破ろうとすれば必要なことは明らかである。かつての支配を違法だったと認めないような政府があれば、その国における現在の政権が維持できないほどの状況を作り出すしかないのだ。現在、ダーバン会議のフォローアップ会合で責任を追及されることを怖れて欧米が結束しても、それを問題にする大規模な運動はどの国でも起こらない。韓国が日本に賠償を求めれば求めるほど、日本の世論は反発する。

要するに、レーニンの実践が欧米の人々の共感を呼んだのに、文在寅の実践はそうなっていないということである。その現状を根本的に転換する必要がある。同列に比べられる問題でないことは承知しているが、なにが欠けているのかを深刻に総括しないと、打開策は見つからない。

∇問われる文在寅大統領の覚悟

市民の願いに即して政治を行うのが文在寅大統領の特質とされ、それが日本との間で軋轢を生んでいるのだが、一方、文在寅には従来型の政治から抜け切れていない面が強い。例えば、日本との間で「軍事情報に関する包括的保全協定（ＧＳＯＭＩＡ）」を破棄したが、そもそも市民の願いに応えるというなら、軍事同盟である米韓相互防衛条約にしがみついている姿はどうなのかが問われる。

もし文在寅大統領が、市民の要求を貫き通し、米韓条約も破棄すれば、国際的にはレーニンのように孤児になっていくだろう。けれども、その結果として、北朝鮮の核兵器を放棄させ、北東アジアに確固とした平和を実現することができるなら、逆に世界から賞賛されることになる。世界は韓国を見習おうという話になるのだ。

経済の問題でも、市民の願いに応え、最低賃金を大幅に引き上げたことは評価できる。ところが、そのことが中小企業による雇用の縮小を生み出すと、サムソンなど独占資本による中小企業支配にメスを入れて解決するのではなく、最低賃金の引き上げ幅を狭めるという後退を見せている。そうではなく、文在寅大統領が、この面でも市民の願いを貫くことで成果を収めるなら、経済の行き詰まりで苦しむ世界に希望を与え、韓国のようにやっていこうということが国際的な標語になるかもしれない。

文在寅大統領には、ここでも覚悟が試されている。市民の要求を貫くのか、どこかで妥協するのかである。

（注1）誰のものでもない土地があった場合、それを「自分のものにする」と「先」に宣言し、実際に「占有」することによって、その土地が実際に自分のものになるという国際法の考え方。日本の民法（第二三九条）は、「所有者のない不動産は、国庫に帰属する」と規定しており、他国の民法も同様の規定を持つが、それを国際法の世界に拡張したもの。

（注2）「先占」の考え方において「所有者のない」土地のことを指す。先に引用した日本の民法第二三九条も「無主物の帰属」という名称になっている。

（注3）条約に関する慣習国際法の基本的な考え方を条約化したもの。国際社会の発展の中で多くの条約がつくられるようになったが、これまで慣習国際法とみなされていたものでは解釈の違いが生まれるなど対応できなくなり、必要性が指摘されていた。国連国際法委員会により一九六九年にウィーンで採択された。

（注4）チェコスロバキア（現在のチェコ）の領土の内、ドイツに接している部分で、ドイツ人が多く住んでいる地域。以前はオーストリア・ハンガリー帝国の一部であったが、第一次大戦後、チェコスロバキアに帰属するようになった。

（注5）正式名称は「戦争放棄に関する条約」。アメリカとフランスの外務大臣の協議がきっかけとなっ

たことから、両外相の名前をとって「ケロッグ・ブリアン条約」とも呼ばれる。名称の通り、戦争を放棄することをうたっており、歴史上はじめて侵略戦争を禁止した条約とされている。

（注6）アフリカ民族会議（African National Congress）の略称。南アフリカで一九一二年に結成され（現在の名称になったのは二三年）、長くアパルトヘイト反対、黒人の人権擁護のために闘った。南アで黒人も含む普通選挙が実施されるようになって以降、一貫して与党の座にある。

（注7）もともとは南アフリカの公用語であるアフリカーンス語で「分離」を意味する言葉。少数の白人が多数の黒人を支配するため、人種の区分を明確に決め、人種間の結婚を禁止し、人種別に居住地域を定めるなど、極端な黒人差別のためにつくられた制度。

（注8）南アフリカの北部に接する国家。第一次大戦以前はドイツの植民地であり、大戦後、南アフリカの委任統治領となった。南アフリカと同様、アパルトヘイトが実施され、九〇年に独立を達成した。

第三章

当面する解決の条件

かつての植民地支配を違法とするという根本的な解決は、欧米日の世界観を変えることだから、実現する場合もかなり時間がかかることが予想される。本章では、それまでの期間、日本がやっておいたほうがいいことを論じておく。目の前に存在している被害者が次々と亡くなるようなことになれば、いくら根本的な解決にために努力しているといっても、韓国の国民感情が燃え上がる可能性もあるので、そうならないように努力することも大事なのである。

日本政府が徴用工問題で繰り返す「法的に解決済み」という論理は、法的には正しい。「法的にはどうなのか」という基準を大事にするのは、法治国家としては当然のことだ。

しかし、被害者が現存する場合、それでは済まない感情の問題がある。すでに書いたように、ハンセン病の患者や家族が受けた被害の苦しみは、何十年経っても消え去ることはない。「法律（らい予防法）に沿った措置だった」ということでは通用しないから、政府は賠償に追い込まれたわけだ。また、たとえこれで賠償が終わったとしても、政府の幹部が患者や家族に不用意な言葉を投げかけることなどがあれば、被害者感情が再び傷つけられ、問題が再燃することもあるのだ。

そこでまず、そういう法的責任と被害者感情とのズレを、本書の主題である二国間関係から見ていく。その上で、法的に責任を十分に果たした場合であっても、日本がしたほうが望ましいことを論じる。

1、法的責任と被害者感情とのズレを埋める

▽賠償は国家間の行為として誕生した

違法な植民地支配に対する賠償という韓国大法院が求める行為には過去に前例がないので、戦争に対する賠償の事例を検討する。賠償と被害者との関係の問題である。

勝った側が負けた側から何らかのものを獲得するという事例は、人類が戦争を開始した古い時代から存在した。奴隷だったり、領土だったり、おカネだったり、さまざまである。

そこに「法的責任」という概念が持ち込まれたのは、いわゆるウェストファリア体制[注1]が成立し、主権国家による国際関係とそれを律する国際法が誕生して以降である。辞書では、賠償のことを、「国際法規違反により他国に与えた損害、また敗戦国が戦勝国に与えた損害の補償として、金品その他をさし出すこと」としている（小学館『精選版　日本国語大辞典』）。

ただし、その実態は、「国際法違反」に対する賠償というよりも、敗戦国に対する懲らしめであったことは論じるまでもない。プロイセンとフランスによる普仏戦争では、一八七一年五月にフランクフルト講和条約が結ばれ、勝利したドイツ（戦争の結果、ドイツ帝国が誕生した）は、フラン

スからアルザスを併合し、五〇億フランの賠償金などを獲得した。

注意してほしいのだが、現在は被害者個人が賠償を求めることは当然のこととなっているが、この時期、賠償は被害者との関係で問題になっていない。賠償とはあくまで国家が獲得するものであり、被害者に渡すことなく、国家が運用していたのである。

▽国民に被害が出たから賠償を求めるという考え方の発生

そこに少しの変化が生まれたのが第一次大戦であった。この戦争の講和を決めたベルサイユ条約の関連規定（第二三一条）は、一般に「戦争責任」条項と呼ばれるものであり、ドイツに多額の賠償を強いたことで有名だが、賠償について以下のように表現している。
「同盟および連合国は、ドイツ国およびその同盟諸国の侵略によって強いられた戦争の結果、同盟および連合国政府、またその諸国民の被った一切の損失および損害について、責任がドイツ国およびその同盟国にあることを断定し、ドイツ国はこれを承認する」（第二三一条）
ドイツの侵略によって連合国（イギリスやフランス）が戦争を強いられたのだが、その結果として「諸国民の被った一切の損失および損害」の責任がドイツにあるので、それを支払えということである。賠償を求める根拠を国民の受けた損害に求めたという点で、この条項は歴史的に新しい意味を持つ。

先ほど書いたように、それまでは賠償の根拠として「国際法違反」という建前は語られても、実態は敗戦国に対する懲らしめだった。しかし、ベルサイユ条約はそこを「国民の被害」へと転換したのだ。

なぜそうなったのか。二つの理由がある。

一つは、前章で述べたことと関連する。第一次大戦では交戦国の双方が植民地拡張の野望のために戦ったのだが、ウィルソンやレーニンが「無併合・無賠償」が大事だという理念を打ち出したこともあり、合理的な根拠も示さずに賠償をとることが難しくなったからである。

もう一つは、戦争の形態の変化である。それまでの戦争は国王が常備軍を持ち、お互いに競い合った。一般国民は動員されなかったし、国王も大切な常備軍を失いたくないため、どこかで決着させたのである。それに対して、第一次大戦では、一般の国民を兵士として戦場に駆り立て、銃後でも女性を工場に動員するようになった。いわゆる「総力戦」[注2]の出現である。その結果、それまでの戦争と異なり、実際に国民の被害が大きくなったので、相手国を憎む国民感情を抑えるためにも、「あなたの被害を償うために賠償を求めるのだ」と言うことが求められたのである。

ただしかし、連合国がドイツから取り立てた賠償を、被害を受けた国民への個人補償として支払ったわけではない。国民が被害を受けたから賠償を取り立てるという論理は、まだ建前に止まり、現実はそれ以前と大きな変化はなかった。

▽「人道に対する罪」を裁く考え方の発生

そこに変化が起きてきたのが第二次大戦後の実践を通じてである。日本もその変化の影響を被った当事者の一員である。

第二次大戦は、総力戦となった第一次大戦を何倍、何十倍にも拡大した戦争となった。生み出された被害も、第一次大戦とは比較にならないほどのものであった。その結果、誰をどう裁くのかという問題も、大きな変貌を遂げる。

第一次大戦で裁かれる対象になったのは、ドイツ皇帝ヴィルヘルム二世である（実際には亡命して裁判にかけられなかった）。その罪は、先ほど引用した条約にある「侵略」でも「国民の被害」でもなかった。「国際道義と条約の神聖さに対する最高の罪」（第二二七条）という意味不明のものであった。あれだけの被害を生み出した戦争があったとしても、国際社会はまだ、「侵略」や「国民の被害」を理由に一国の指導者を裁くまでには到達していなかったのである。

一方、よく知られているように、第二次大戦は異なる結果を生み出した。「侵略」の罪が裁かれたことは本書のテーマではないので詳述しないが、ドイツによるユダヤ人虐殺、いわゆるジェノサイドを裁くために「人道に対する罪」の概念が生まれたのである。ニュルンベルクで行われた国際軍事裁判所規約から引用しよう。

「人道に対する罪――すなわち、戦前もしくは戦時中にすべての民間人に対して行われた殺人、殲滅《せんめつ》、奴隷化、追放及びその他の非人道的行為、又は犯行地の国内法の違反であると否とを問わず、本裁判所の管轄に属する犯罪の遂行として、もしくはこれに関連して行われた政治的、人種的もしくは宗教的理由に基づく迫害行為」

この時点では、あくまで罪を犯したものに刑事罰を科すための規定であって、被害者への賠償が想定されていたわけではない。しかし、「人道に対する罪」の場合、「犯行地の国内法の違反」ではなくとも、すなわち合法な行為であっても裁かれるとしたことは、この種の犯罪行為の重大さを広く世界の認識にすることにつながった。

第二次大戦の結果をふまえ、戦後の国際社会では、人権問題が飛躍的に重視されることになる。そのために各種の人権条約がつくられ、人道上の犯罪を裁くため、各種の条約と制度が整備されていく。

▽伝統的な国際法にもとづいて実施された日本の賠償

これと平行して、第二次大戦で敗北した国の「賠償」が開始されるが、ここではいわば「旧外交」と「新外交」が併存することになる。意図したものではなかったが、旧来の国際法にしばられたかどうかで、違いが生まれるのである。

日本の賠償は、伝統的な国際法にもとづいて実施された。「旧外交」である。

日本と連合国の賠償を取り決めたサンフランシスコ平和条約第一四条は、「日本国は、戦争中に生じさせた損害及び苦痛に対して、連合国に賠償を支払うべきことが承認される」としている。よく知られているように、アメリカは当初、連合国の日本に対する賠償を放棄させようとしていた。しかし、この構想に対するアジア諸国の反発が強く、賠償そのものは「支払うべき」とされたのだ。ただし、「損害及び苦痛に対して……支払う」とされているので、国民が損害と苦痛の当事者であることは示唆されているが、支払いの相手はあくまで「連合国」であり、国家であった。

日本は、このサンフランシスコ条約にもとづき、ビルマ（五四年）、フィリピン（五五年）、インドネシア（五八年）、南ベトナム（五九年）との間で賠償条約を締結する。注3　一方、シンガポール、マレーシア、タイ、ラオス、太平洋諸島の国々には経済協力で済ませている。

現在、賠償を求める韓国の側からは、賠償なら法的責任を果たすことになるとして、「賠償」という言葉を使うことに固執する声が聞こえる。形式的にはそういう面もあろう。けれども、条約の一方の当事者である吉田茂首相があけすけに語っていたように、アジアに対する賠償も、実質的には投資であった。賠償という言葉を使っているから責任を果たしたというような、単純なものでないことは、心しておく必要がある。

「向こうが投資という名をきらったから、ご希望によって賠償という字を使ったが、こちらからいえば、投資なのだ。投資によってビルマが開発され、開発されれば日本の市場になる。そうすれば投資も回収できる。いま中国市場を失った日本としては、東南アジアに市場を見つけることが大切だ。賠償の名でビルマに手をつけ、やがて、フィリピン、インドネシアにおよぼしていきたい」（「十年のあゆみ」毎日新聞一九五五年八月一一日）

いずれにせよ、ここにはアジアの個々の被害者のことは念頭にない。賠償という言葉を使って法的責任を果たすことと、被害者に向き合うことは別物なのである。

▽ドイツの「新外交」とその歴史的背景

他方、賠償が求められたもう一つの国、ドイツはどうだったろうか。そこには日本と異なる事情が存在していたため、「新外交」のようなものが意図せずに生まれた。

そもそも戦後しばらくの間、ドイツには国家がなかった。占領軍は日本の場合、政府を残して統治したので（間接統治）、賠償を規定したサンフランシスコ平和条約の起草過程においても、日本は自国の見解をアメリカに伝えることができた。一方、ドイツは徹底的に政府が破壊されたため、占領軍が直接に統治することになったのである。その間、ソ連占領地域からソ連軍が工場などを賠償と称して持ち去ったりしたが、政府が存在しないのだから賠償をどうするかという議論は深めようがなかった。

しかも占領統治が終わると、ドイツは結局、国家が分断された。つまり、日本とは違って、賠償を含む戦後処理を規定する平和条約を締結しようとしても、それを担う国家主体が存在しないという事態が生まれたのである。ただ、それでは済まされない事態があった。

日本の場合、東京裁判で焦点となった最大の問題は、侵略したこと自体の罪、「平和に対する罪」であった。侵略の過程で犯された「人道に対する罪」もドイツと同じく訴因ではあったが、「平和に対する罪」に付属したような性格を持たされ、それだけで起訴することはできなかった。しかし、ドイツの場合、最大の焦点とされたのは「人道に対する罪」そのものであり、そこには多数のジェノサイド犠牲者が横たわっていた。あまりの残虐さのため、平和条約を結ぶまで（東西ドイツが統一するまでということだ）は賠償しないでいいという性格の問題ではない。

そこで西ドイツ政府は、他国との間で条約を結ぶのではなく、国内法である連邦補償法[注4]を制定し（五二年）、ドイツに居住しているか海外に移住したかは関係なく、被害を受けたユダヤ人に対する個人補償を行ったのである。これがドイツが実施した個人補償の三分の二を占める。

一方、ドイツが侵略し、占領した地域で迫害されたユダヤ人への補償は、平和条約ではなく、補償にしぼった協定を各国との間で結ぶことによって実施される。五五年から六五年にかけて西側諸国との間で、九〇年代に東側の諸国との間で協定が結ばれた。連邦補償法にもとづく補償が直接に個人に渡されたのに対して、これは各国政府が受け取って個人に渡す方式がとられた。いずれにせよ渡されたのは個人に対してである。

∇ドイツも日本もそれぞれのやり方で責任を果たした

「戦後補償に関して、ドイツが先進的で、日本は遅れている」――。市民運動に関わっている方から、よく聞かれる言葉である。

しかし、以上見てきたことから、そう単純ではないことがわかるだろう。日本もドイツも、それぞれのやり方で責任を果たしてきたのである。

「賠償」に限ると、日本は賠償をしてきたが、ドイツは賠償をしていないとも言える。一九五五年、ドイツと連合国との間で結ばれた協定では、戦争に関する請求についてはドイツ統一まで留保することが取り決められた。その協定からすると、一九九〇年にドイツが統一したとき、平和条約の締結と賠償請求が浮上する可能性があった。しかし、各国ともドイツに対する賠償請求権を放棄することを約束し、ドイツは連合国に対して賠償を支払わないで済んだのである。

それなのになぜ、ドイツの戦後補償は被害者から好意的に受け止められ、日本は被害者から責められ続けるのか。そこにあるのが、被害を与えた国が被害者個人に対して補償をしたかどうかという違いである。

これまで解説してきた通り、第一次大戦をきっかけにして、戦争があれば被害を受けるのは一人ひとりの国民という構図が生まれた。賠償はその被害者のためのものだという考えが生まれてきた。

けれども、国家の慣行の力というのは根強いもので、賠償を受け取るのは国家であって、それをどう配分するかも国家次第というやり方が続いた。それを国際法は許容した。日本は、その伝統的な国際法に忠実に従って、戦後の賠償をしてきたのである。

ところがそこに、分断国家になったため、賠償を果たせないドイツがあらわれた。しかし、あまりの罪の大きさに何もしないでは済まされない。そこで被害者個々人に補償するという、それまでの国際法では考えられない新しい方式が生まれたのである。そのやり方が被害者の感情に合致していた。戦後、年を追うごとに人権が大事にされる世界になっていったことも、そういう被害者感情を後押しした。統一後に平和条約の締結による賠償が改めて問題にならなかったのは、すでに被害者個人に対する補償は済んでおり、補償を受け取る対象がそれとは別に存在しているわけではないので、賠償の観点からは平和条約もいらないということになったのだろう。

もちろん、それだけではない。間接統治だった日本では、戦前の侵略と人権抑圧に責任のある者が戦後も政治の一翼を担ったが、ドイツでは終戦過程でナチスが排撃され、ナチスに批判的な者が戦後政治の主流となったことも、戦後補償の違いを生んでいるだろう。けれども、両国の戦後の国際環境の違いという、政府の努力だけでは克服しようのない問題もあったわけである。

▽ドイツによる強制労働被害者への個人補償

ドイツの補償をめぐっては、ソ連の崩壊後、東欧諸国との間で問題が浮上する。まず、ナチスによるユダヤ人迫害の被害がもっとも深刻だったポーランドで、ドイツ政府の拠出による和解基金が設立された（九一年）。強制収容所に収容された人や戦争捕虜などが補償の対象となった。

その後、東欧諸国の強制労働被害が問題になってくる。一九九八年、アメリカ国内で、東欧からの亡命者を中心に、ナチス時代の強制労働への補償をドイツ企業に対して求める集団訴訟が開始される。訴えられた企業は、フォルクスワーゲン社にはじまり、ベンツやライカ等へと広がっていく。

ドイツ政府は当初、ドイツ統一後の各国との協定その他で各国が賠償請求権を放棄したこと、戦後五〇年以上が経過していることなどから、賠償問題は存在しないという立場をとっていた。また、強制労働者による企業に対する請求権については、裁判所が判断すべきだとしてきた。そして、ドイツの裁判所は、この種の裁判において、一貫して請求権を却下する判決を下していた。

しかし、アメリカにおける集団訴訟は、ドイツ政府にとっても企業にとっても深刻な問題になっていた。訴訟が提起されていたカリフォルニアの州法は、原告側が勝利すれば、被告企業が補償を拒否した場合でも、当該企業の在米資産を差し押さえられる仕組みを導入していた。「世界ユダヤ人会議」は、補償問題でドイツ側の譲歩がない限り、ドイツ企業がアメリカの企業を買収することを支持しないと声明し、不買運動の危険性も高まっていた。

こうした事情を背景にして、ドイツ政府は、大手企業一二社とともに「記憶・責任・未来」財団という補償基金を設立する（二〇〇〇年）。そして、二〇〇一年から〇七年までの間に、ドイツ政府とドイツ企業のそれぞれが拠出した一〇〇億マルク（約七〇〇〇億円）を使って、一人あたり五〇〇〇マルクから一万五〇〇〇マルクが支払われたのであった。

∇法的責任と被害者感情のズレを埋める政治の役割

この問題は、ドイツにおける裁判では敗北したので別の国で裁判を起こすとか、その国には在外企業の資産を差し押さえる仕組みがあることなど、当事者の裁判闘争の手法が同一なこともあり、日本の徴用工の問題と関連して論じられることが多い。しかし、性格的にはかなり異なる問題である。

第一に、日本もドイツも、それぞれのやり方で請求権問題を解決させたわけであるが、日本の場合はドイツより半世紀も前に三億ドルを支払っている。それが徴用工への補償に当てられる性格のもので、実際に当てられたことも韓国大法院が認めている。

第二に、日本の場合、韓国大法院判決が求めているのは、あくまで植民地支配の違法性の確認である。法的な責任の明確化である。一方のドイツの場合、補償の性格は道義的な責任を果たすものであるとされた。のちに法的な責任の議論が起きないよう、援助金を受け取る人には今後訴訟に訴えることはしないとの誓約が条件とされたのである。基金が援助金の支払いを開始したのも、アメリカ国内での集団訴訟が棄却されてからである。

ただし、法的な責任を果たしたからといって、被害者の個々の感情が収まるわけでないことは、両者に共通している。それをふまえてどうすべきか。

これまで論じてきたのは、戦争に伴う賠償、補償の問題である。しかしそれらは植民地支配問題にも通じるものだ。日本は法的には立派に責任を果たした。韓国との間で日韓基本条約と請求権協定を結び、これまで忠実にそれを守ってきたというのは、法的責任を果たしたということである。「法的に解決済み」という日本政府の言い分にはいささかの間違いもない。

しかも植民地支配の分野では、世界を見渡しても、日本が学ぶべき先進的な事例は存在しない。独立にあたって旧植民地側から宗主国におカネを払ったハイチのように、日本では信じられないような後進的な事例すら存在する。

けれども、法的な責任を果たすことと、被害者の感情との間にはズレがあるのは、これまで見てきた通りである。そこを解決するのが政治の役割である。そして、政治の役割の最大のものは、第二章で論じたように植民地支配の違法性を日韓が外交的に議論することであるのだが、それが実現するまでの間にも、政治が果たすべき役割があるのではないか。

2、世界記憶遺産問題で豊かな実践を

当面日本政府がすべきことは何だろうか。結論から提示したい。明治日本の産業革命遺産がユネスコの世界記憶遺産に登録されたことは記憶に新しい。その登録に当たって日本（安倍内閣である）が世界に約束したことを現時点で思い起こし、それを忠実に、豊かに実施することが大事である。

∇明治日本の産業革命遺産の登録に際して

世界記憶遺産とは、ユネスコが文化遺産や自然遺産と並んで推進する事業の一つで、後世に残すべき歴史的文書などの保存を奨励することを目的としている。日本で最初に登録されたのは、山本作兵衛[注5]が書き残した福岡の筑豊の炭鉱の絵画である（二〇一一年）。

日本は次に、明治日本の産業革命遺産を世界記憶遺産に登録することを決めた。明治日本の産業革命遺産とは、北は岩手から南は鹿児島まで、八つの県の二三の施設で構成されるものである。その中には、すでに本書で論じた軍艦島（端島）も含まれ、群馬の富岡製糸場や三菱重工の長崎

造船所などもある。二〇一四年のイコモス（専門家の国際的な非政府組織）による現地調査をふまえ、一五年五月、ユネスコの世界遺産委員会が開かれ、登録のための審議が行われた。

ところがこれに韓国が反対したのである。二三の施設のうち七施設について、「戦時中に強制徴用された朝鮮人労働者がいた」というのが理由であった。日本は、対象とされる遺産は一八五〇年代から一九一〇年代につくられたもので、徴用が行われた戦時中とは年代が異なると反論したが、韓国側は、建設の年代はそうであっても、それらの施設は戦時中も使われ、徴用工が働かされたとして納得しなかった。

そこで日本と韓国の間で、五月から協議が続くことになる。いろいろな経過があるのだが、最終的に、日本が以下の発言を行うことで合意し（発言は七月五日）、決着することになる。まず外務省ホームページにある発言を見てみよう。政府の付けた【注】が多くて読みにくいが容赦してほしい。

▽日本代表団の発言全文と注釈

「議長、

日本政府を代表しこの発言を行う機会を与えていただき感謝申し上げる。

日本政府としては、本件遺産の「顕著な普遍的価値」が正当に評価され、全ての委員国の賛同を得て、コンセンサスで世界遺産登録されたことを光栄に思う。

日本政府は、技術的・専門的見地から導き出されたイコモス勧告を尊重する。特に、「説明戦略」の策定に際しては、「各サイト（施設のこと――引用者）の歴史全体について理解できる戦略とすること」との勧告に対し、真摯に対応する。

より具体的には、日本は、一九四〇年代にいくつかのサイトにおいて、その意思に反して連れて来られ【注1】、厳しい環境の下で【注2】働かされた多くの朝鮮半島出身者等がいたこと、また、第二次世界大戦中に日本政府としても徴用政策を実施していたことについて理解できるような措置を講じる所存である。

日本は、インフォメーションセンターの設置など、犠牲者【注3】を記憶にとどめるために適切な措置を説明戦略に盛り込む所存である。

日本政府は、本件遺産の「顕著な普遍的価値」を理解し、世界遺産登録に向けて協力して下さったベーマー議長をはじめ、世界遺産委員会の全ての委員国、その他関係者に対し深く感謝申し上げる【注4、5】。

【注1】「意思に反して連れて来られ（brought against their will）」と「働かされた（forced to work)」との点は、朝鮮半島出身者については当時、朝鮮半島に適用された国民徴用令に基づき徴用が行われ、その政策の性質上、対象者の意思に反し徴用されたこともあったという意味で用いている。

【注2】「厳しい環境の下で（under harsh conditions）」との表現は、主意書答弁書（参考）にある「戦争という異常な状況下」、「耐え難い苦しみと悲しみを与えた」との当時の労働者側の状況を表現している。

【参考】近藤昭一衆議院議員提出の質問主意書に対する答弁書（平成14年12月20日閣議決定）（抜粋）

――「いわゆる朝鮮人徴用者等の問題を含め、当時多数の方々が不幸な状況に陥ったことは否定できないと考えており、戦争という異常な状況下とはいえ、多くの方々に耐え難い苦しみと悲しみを与えたことは極めて遺憾なことであったと考える」

【注3】「犠牲者」とは、出身地のいかんにかかわらず、炭坑や工場などの産業施設で労務に従事、貢献する中で、事故・災害等に遇われた方々や亡くなられた方々を念頭においている。

【注4】今回の日本代表団の発言は、従来の政府の立場を踏まえたものであり、新しい内容を含むものではない。

【注5】今回の日本側の発言は，違法な「強制労働」があったと認めるものではないことは繰り返し述べており、その旨は韓国側にも明確に伝達している」

∇徴用の記憶を残す「産業遺産情報センター」の設置へ

注記だらけでわかりにくいが、日本政府も、「その意思に反して連れて来られ、厳しい環境の下で働かされた多くの朝鮮半島出身者等がいたこと」を認めたのである。そして、「歴史全体について理解できる」説明戦略をつくるべきだとのイコモス勧告（日本が当初言っていたように一九一〇年で説明を終わらせるのではなく、朝鮮人徴用のあった第二次大戦中も含めるべきだということだ）にもとづき、「インフォメーションセンターの設置など、犠牲者を記憶にとどめるために適切な措置を説明戦略に盛り込む」と約束したのである。

それならば当然、この約束は実施に移されるべきだ。この約束の実施状況について、ある国会議員を通じて外務省に問い合わせたところ、次のような回答が内閣官房から寄せられた（一九年六月二八日）。

【内閣官房からの回答】

○日本政府は、「明治日本の産業革命遺産」について、ユネスコ世界遺産委員会からの勧告事項を誠実に履行し、二〇一七年一一月三〇日にその進捗を示す保全状況報告書をユネスコ世界遺産センターに提出しました。

○上記の保全状況報告書の一部として提出したインタープリテーション戦略には、ご指摘の発言のとおり、インフォメーションセンターの設置等を盛り込んでおります」

ここで述べられている「保全状況報告書」であるが、日本語版で九〇ページを超えるもので、最後のほうに徴用工問題をどう扱うかが出てくる。次のようになっている。

「(略)

3) 産業労働の展示は、顕著な普遍的価値に重点を置くことを前提に、顕著な普遍的価値の対象期間における日本の産業労働に焦点を当てつつ、当該対象期間以外の産業労働については、第二次大戦中に日本政府としても国家総動員法に基づく徴用政策を実施し、戦前・戦中・戦後に多くの朝鮮半島出身者が日本の産業の現場を支えていたことが理解できる展示に取り組む。

4) 上記方針を踏まえつつ、朝鮮人労働者の徴用政策を含む戦前・戦中・戦後の在日朝鮮人に関する調査を実施する」

これにもとづき具体化されるのが、インフォメーションセンターである。その後の政府内の検討では、名称を「産業遺産情報センター」とし、総務省第二庁舎別館（新宿区若松町）の一部を展示スペースにすることが決定されている。一九年度予算でつくられ、二〇年度に開設予定であるとされる。

∇「産業遺産情報センター」への懸念

この「産業遺産情報センター」において、朝鮮人徴用問題がどう描かれ、どう総括されるのか。それがいま最も大事である。徴用工裁判に関わっている当事者も含め、関係者が納得するものになるなら、植民地支配の法的側面に関する日韓外交交渉が続く間、日韓の断絶が深まることにはならないと考える。

しかし、期待通りになる保証はない。それどころか心配な点がすでに出てきている。

まず、このセンターを東京に設置する理由である。記憶遺産が全国にまたがっているから一箇所に集約するとされるが、それでは遺産そのものに関心があって現場に見に行く人の目にはとまらない。同じ規模のものを各地でつくることはすぐには不可能でも（将来は再検討してほしい）、センターで展示されている内容をパンフレットなどにし、現地で手に取ることができるようにするなど、いろいろな工夫をするべきだろう。

さらに、このセンターは、あくまで「産業遺産情報センター」であり、展示の多くは二三の遺産全体の意義を発信するものとなる。徴用工に特化したものではない。また、「歴史全体」を示せというイコモスの勧告は、一八五〇年代から一九一〇年までという日本の主張に対して、第二次大戦中も重視せよという趣旨であると思われるが、政府内の議論では、一八五〇年以前も大事だということになっており、結果として戦時中の徴用問題の位置づけが低まるものになりかねない。

▽朝鮮半島の当事者に聞き取りをしていない

最も心配なのは、「そこにただ展示がある」というものにならないかということだ。イコモスから勧告されたから仕方なくやったという便宜的なものになることだ。

先ほど引用したイコモスに対する「保全状況報告書」の中に、「朝鮮人労働者の徴用政策を含む戦前・戦中・戦後の在日朝鮮人に関する調査を実施する」とある。これが当事者である徴用工の実態、気持を反映するものになるなら、その心が癒やされることにつながるかもしれない。ところが、その調査の実施状況について問い合わせたところ、次のような回答が内閣官房から寄せられた（一九年八月二三日）。

「実施した調査の結果の概要は次のとおり。

1　端島炭鉱の歴史の調査

明治元年から昭和二〇年までの端島炭鉱に関する主な出来事を新聞記事や書籍等をもとにまとめ、朝鮮半島出身労働者を含む労働者の方々の産業労働の実態等に関する情報の収集を行った。

2　端島炭鉱の戦前から戦中、戦後にかけての新聞報道等の一次資料の調査

当時の日本や朝鮮半島で刊行された新聞記事や書籍といった一次資料の収集と有識者による分析を行った。

3　旧端島島民の証言収集

端島炭鉱における産業労働等の実態に関する情報収集のため、当時の様子を直接体験している旧端島島民より証言の収集を行った」

たしかに調査はしているのだろう。しかし、見ての通り、新聞や書籍の調査が主で、聞き取りも日本人に止まっているようだ。朝鮮半島から徴用された人々のもとに出向き、お話を伺うようなことはしていないのではないか。これで当事者が納得するものになるのだろうか。

▽設置を契機として被害者と加害者の交流を進めるべきだ

この種の問題で大事なのは、どうやって被害者の感情を和らげるかということである。そのた

めには、もちろん展示の中身をしっかりとしたものにしていくことも求められるのだが、同時に、それをきっかけにして被害者との交流を重視することも考えたほうがいい。

別の事件の話になるが、戦時中、秋田県大館市の花岡鉱山に中国から強制連行されてきた人々が一九四五年、過酷な労働に耐えかねて一斉蜂起し、一〇〇人の死者が出た。その生存者と遺族が鹿島建設に対して裁判を起こし、二〇〇〇年末に和解にこぎつけて現在に至っている（その他、西松建設と三菱マテリアルも和解に応じている）。

和解の内容をめぐっては、いろいろな評価があるらしい。しかし大事なことは、和解を「最終的かつ不可逆的」なものとせず、地道に被害者との交流が続けられていることだ。一九五〇年代から毎年、六月三〇日に大館市の主催で慰霊式が開かれてきたが、「和解」があったからといって終わりにせず、現在も慰霊式は続いている。

「加害」の側がそこまで努力を続けているわけだ。その日には中国からも被害者や遺族がやってきて、心のこもった交流が行われる。和解とは、そういうことの積み重ねの上に、いつかやってくるものなのではないだろうか。被害者の中には、花岡を「第二のふるさと」と呼ぶ人もいるという。

徴用工問題でも、「産業遺産情報センター」で展示しました、不可逆的な解決ですとして、それで終わらせてはいけない。設置の日には元徴用工を招いて開所式のようなものをすべきだし、その後も、いろいろな取り組みをするべきだ。徴用工のいた七つの施設においても、順繰りでもいいから、当時の日本人労働者も含めた交流を実現していくべきだと考える。

∇根本的な解決とセットという点に意味がある

慰安婦問題で韓国側と合意しても、それが反故にされてきた実績があるため、日本側には、こうした措置の効果を疑う人がいるかもしれない。しかし、これまで書いてきたような当面の措置は、これまでとは質的に異なるものである。何かと言えば、植民地支配の違法性について議論するという根本的な解決に向けた措置とセットであることだ。

河野談話の精神で「アジア女性基金」をつくった際、「法的責任を果たしたものではないから受け取らない」という元慰安婦がかなりいた。それに対して、基金の側は、理事であった大沼保昭が各所で述べているように（例えば『「慰安婦」問題とは何だったか』中公新書）、基金からの償い金を受け取っても日本の法的責任を追及することはできると説得したが、叶わなかったという。先述のドイツの「記憶・責任・未来」財団からのおカネは裁判を取り下げることが条件であったのに対し、日本はドイツのようなことをしないと明確にしたのだが、理解は得られなかったのだ。

けれども、日本と韓国の間で、実際に植民地支配の違法性をテーマにした外交協議が続いているのであれば、そこは根本的に違ってくるはずである。日本側と交流したりしたからといって、「法的責任があいまいにされる」と心配しないで済む。

被害者の癒し的な措置だけでいいのか、何か財団のようなものをつくって補償する必要はないのか、そんな意見も出そうである。しかし、韓国大法院が求めているのは、違法な植民地支配と結びついた日本の行為への賠償であって、賠償が支払われるとしてもそれは日本が違法性を認めたときに意味を持つものである。そういう性格を持たないおカネは、どんなものであれ原告は受け取れないであろう。しかも、大法院判決が述べるように、未払い賃金など損害を償うためのおカネは、きわめて限定的で少額とはいえ、請求権協定にもとづき受け取っているのである。

だからこそ、いま日本は、ユネスコに対する約束を果たすことに注力すべきだ。「その意思に反して連れて来られ、厳しい環境の下で働かされた多くの朝鮮半島出身者等がいたこと」を示す事実を明らかにし、原告や家族を癒やし、日本人との交流を進めることに全力をあげるべきであろう。

▽イギリス捕虜問題も法的解決では収まらなかった

法的に解決済みだからといって被害者感情が収まらず、別途の対応を実施したことでは、じつは日本にも先例がある。第二次大戦中における日本軍によるイギリス兵捕虜の虐待問題である。大戦中のイギリス兵捕虜は五万人を数え、日本が大戦中に捕虜にした三分の一以上を占める。しかも、イギリスの退役軍人会によると、ドイツとイタリアに捕えられた捕虜の死亡率が五％程度だったのに対し、日本によるものの場合は約二五％だったとされている。イギリス捕虜三万名が投入され、六三〇〇名が死亡した泰緬《たいめん》鉄道建設事業[注6]の過酷さは、よく知られている。そういう事実があるので、日本軍の残虐さはナチス以上だったという認識が、戦後のイギリス社会ではかなり一般的だったそうだ。

そうはいっても、日本の戦争犯罪は、東京裁判と各地で行われたBC級戦犯裁判で裁かれていた。日本が戦争中に与えた被害の賠償については、サンフランシスコ平和条約で解決済みだったが、戦争捕虜問題だけは例外的に捕虜と家族に対する支払いをすることが規定される（第一六条）。そして、一九五五年、日本政府は「連合国の旧捕虜への償いとしての交換公文」によって、赤十字国際委員会に約四五億円を支払い、これに在外日本資産の一部をくわえて合計約五九億円が、一四か国の二〇万三五九九人の元捕虜個人に分配されたのである。

こうして法的には解決済みだったが、イギリス人の心は、それでは収まらなかった。一九七一年の昭和天皇のイギリス訪問の際、イギリス各紙は日本軍捕虜問題をあらためて報道し、天皇との会見をスケジュールから外したイギリス王室の一員は世論から大喝采を浴び、天皇が植えた植樹は何者かによって引き抜かれることになったという。九五年、第二次大戦終結五〇周年にあたってイギリス政府は記念式典を開いたが、旧敵国のうちドイツとイタリアは招待するが日本は招待しないという対応をした。

このような国民感情を背景にして、一九九四年、「日本軍強制労働収容所生存者協会」は、日本政府に補償を求める訴訟を東京地裁に提起する。しかし裁判所は、東京地裁も（一九九八年）、東京高裁も（二〇〇〇年）、最高裁も（二〇〇四年）、国際法は個人の賠償請求権を規定していないとして訴えを退けたのである。同時期に行われた慰安婦の裁判、その後の徴用工の裁判と同じ結果であった。

∇橋本龍太郎首相（当時）もイニシアチブを発揮した

しかし、日本は「法的に解決済み」で終わらせなかった。民間レベルでは、日本とイギリスの旧軍人同士が、イギリス、日本、ビルマなどで合同慰霊祭を開くなどの努力が存在していたのだが、在英日本大使館はそういう取り組みを後押しするのだ。

九五年の村山談話発表にあたっては、この談話が個人的なものではなく閣議決定を経た高いレベルのものだということ、この談話で表明された謝罪がイギリスの捕虜にも向けられていると村山首相が記者会見で発言したことなどを、積極的に広報する。イギリス国内で行われる元捕虜の関連行事には、大使が積極的に出向き、献花したりしたそうだ。その中でようやく九七年一一月、大使が元捕虜と握手する場面も生まれ、BBCなどで大々的に報道されたりもした。この年の年末に大使館で開かれた天皇誕生日祝賀会は、民間で和解に携わってきた人々の後押しで、約一〇〇人の元捕虜や抑留者が参加するに至っている。九八年一月、以上のような取り組みを進めてきた沼田貞昭公使の離任にあたって開かれた歓送会にも、一〇〇名を超える元捕虜が参加したが、そこで公使は「日英和解は過去を「決して忘れない」ことの上に成り立つものであると強調した」（小菅信子『戦後和解』より）とされる。

橋本龍太郎首相（当時）も九八年一月、日本に批判的な大衆紙「サン」に寄稿し、直接に元捕虜やイギリス国民に対して語りかける形式で「反省とお詫び」を表明した。そして、日英の旧軍人による合同慰霊祭を引きつづき行うこと、元捕虜やその子孫を日本に招くことなどを表明した。これに対して「サン」は、「日本、サンに詫びる」という見出しをつけた記事を掲載し、橋本首相の謝罪を「心のこもった謝罪」と高く評価するとともに、「橋本首相の謝罪を受け入れよう」「日本を憎み続けてはいけない」という態度を表明したのである。

なお、補償問題についていえば、元捕虜は請求先を日本政府からイギリス政府に切り替える。そして二〇〇〇年一一月、イギリス政府は、元捕虜とその配偶者に対して「特別慰労金」を支給することを決めたのであった。

イギリスや中国（花岡鉱山など）との間では、そういう日本自身の先例があるのだ。韓国との間でそれができない理由はないはずである。

3、外交協議中に日本が注意すべきこと

最後に、これから日本側が注意すべきいくつかの点に触れておきたい。日韓の外交協議を開始するためにも、開始されたとしてそれがスムーズに運営されるためにも、どうしても必要な事項である。

▽韓国の司法は条約に拘束されるのか

一つは、韓国の統治システムへの理解を深め、不要な刺激をしないことである。とくに司法と行政との関係には、どの国も悩ましい問題を抱えており、慎重な発言が求められる。

韓国大法院が徴用工問題で判決を下したあと、韓国政府から聞こえてきたのは、「司法の判断は尊重しなければいけない」ということと、「日本との関係も大事にしなければならない」ということであった。この両者がなかなか両立しがたいものであるが故に、韓国政府は自縄自縛に陥り、日本政府が「合意した条約を守れ」と要求しても、何をしていいかわからない機能不全に陥ったのである。

日本政府がそこにいらだったのは理解できる。しかし、その過程において、「司法も条約に拘束される」と述べたのは、あまりに言いすぎであった。韓国政府の手を縛ったと思う。

自分自身のことを考えればわかる。日本の裁判所はどんな条約にも拘束されるというのが、日本政府の解釈だろうか。そうではないだろう。国内法と条約とどちらが優先するのかという長年の論争テーマがあり、基本的には条約が優先するとされてきた。そのため、対立する場合は国内法を改正するわけである。しかし、憲法と条約の関係はどうかと言えば、憲法が優先するというのが学説の主流であって、日本政府もその立場に立ってきた（国家の存廃に関わる平和条約などは廃棄できないという例外はある）。だから、批准しようとする条約に憲法上の問題があるとみなせば、その部分を留保したりしてきたのである。

∇日本政府も「日本では司法も条約に拘束される」と言えない

条約と憲法のどちらが優先するかは、日本では有名な砂川裁判[注7]で問題になった。日米安保条約が合憲か違憲かが争われたこの裁判の第一審では、条約が憲法に違反するとして、原告は無罪という判決が下された。それを不服とした政府が高裁を通さず最高裁に跳躍上告し、統治行為論を編み出すことによって原判決を破棄したのである。地裁と最高裁とで結論は正反対だったが、憲法が条約に優先するという点では、両判決は共通している。

だから、韓国大法院のように、日本の最高裁判所がある条約について違憲と判断した場合、日本政府がとる道は二つしかない。その条約から脱退したり、違憲部分への留保を遅まきながら表明するか（条約にそのための制度があればだが）、憲法を改正するか、どちらかである。その場合、日本政府は、「司法も条約に拘束される」などと言えないのである。砂川事件でもし日米安保条約の違憲判決が確定していれば、憲法を変えない限り、条約を破棄するしかなかったのである（締結から一〇年経てば破棄できると条約に明記されていたので、その期限は守る必要があっただろうけれど）。

韓国大法院の判決は、請求権協定が韓国憲法に違反するかどうか、明示的には判断していない。しかし、どの国にも条約を尊重する義務があるとはいえ、条約と憲法を含む国内法のどちらが優先されるのかは、すぐれてそれぞれの国の内政に属することであって、いくら条約を尊重してほしいからといって、日本政府が国内で言えないことを韓国政府に求めてはいけない。

いま日本政府がやるべきことは、本書でも書いてきたとおり、請求権協定が植民地支配を違法としていないことが問題だと韓国大法院が言うならば、それを解決するには協定の解釈を一致させるしかないことを韓国政府に示し、そのための外交協議を開始することである。六五年の日韓条約審議の際に当時の外相が述べた通り、日本の解釈の正しさをそこで証明できるなら、堂々と交渉すればいいのである。

∇輸出規制措置は即時撤回すべきだ

日本の韓国に対する輸出規制が大きな問題になっている。この措置が発表された際、世耕経済産業大臣（当時）は「徴用工問題での韓国の対応で信頼が失われた」ことを前置き的に述べた。その後、政府の公式見解として、徴用工問題とは関係なく安全保障上必要な措置であると説明されるようになったが、政府の公式見解を額面通り信じている人はいないだろう。

この措置は撤回したほうがいい。いや、徴用工問題を動かそうとしたら、即時撤回しなければならない。

日本政府が対応に苦慮していることは理解できる。日韓請求権協定第三条は、「この協定の解釈及び実施に関する両締約国の紛争」があったとき、まず、「外交上の経路を通じて解決」することを規定している。大法院判決がもたらした請求権協定の解釈に関する問題は、そもそも韓国側がつくりだしたものであるから、韓国政府から「外交上の経路を通じて解決」するための提案がなされるべきであった。ところが韓国側からは日本側が納得できる提案がなく、かといって日本側にも名案がない。そこで日本政府は、外交上の経路を通じて解決」しない場合は「仲裁委員会の決定に服する」という規定に従って仲裁委員の任命を求めたが、それに対しても韓国政府はなしのつぶてだった。

また、もし日本の製品を輸入する韓国の側に安全保障上の問題があるなら、それを何とかしなければならないことも理解する。今回の経過の中で、日本政府は、すでに三年も前に韓国政府に問題点を指摘したが何の回答もなかったことを、輸出管理措置を実施する理由とあげていた。ところが韓国側からは、「経済報復だ」とか「侵略だ」とか勇ましい言葉は返ってくるけれども、なぜ三年間も回答しなかったかなど（それが事実かどうかも含めて）、具体的な説明がされていない。安全保障上の問題というのは公開されないことが多く、真偽を一般人が判断することはできないが、何らかの対応はされなければならないのだと思う。

▽徴用工問題の解決を遠ざけてしまうから

今回の輸出規制措置の最大の問題は、大事な問題の議論をスルーしてしまう結果になることだ。解決したいのは徴用工問題なのに、その解決のために役立たないどころか、解決を遠ざけてしまうことだ。

今回の措置を批判し、徴用工問題の解決のための提案をしようとしても、「いや、徴用工問題とは関係ありませんから」と政府は対応し、徴用工問題は議論されないことになる。輸出管理の対象品目を扱う日本企業にとっては、徴用工裁判の被告にもなっていないのに被害を受けるのはなぜかというわだかまりが生まれる。韓国の徴用工裁判の原告の中にも、「自分が訴えたために他の人や企業に迷惑をかけている」と考える人がいるとされる。とりわけ今回の措置が安全保障面で信頼できるかどうかが基準とされているため、「韓国は信頼できない国なのか」が国民世論の焦点となってしまった。どの角度から見ても、今回の措置は、徴用工問題を動かす力にならないのだ。

例えば、大法院判決により日本企業が没収される金額に相当する額を韓国政府に請求し、そのための外交交渉をするというならば、まだしも徴用工問題をどう解決すべきかという議論に資することになっただろう。実際、日韓請求権協定は正しいと韓国政府が考えているなら、そういう解決策もあり得ると思う。それで大法院判決は執行されるし、日本企業に迷惑をかけないという点で、それなりの意味がある。

ただし、韓国政府が大法院判決と同じ立場に立つなら、筆者が提起しているような外交交渉にならざるを得ない。いずれにしても、日本政府がやるべきことは、徴用工問題をどう解決するかであって、それに逆行するような今回の輸出規制措置は、やはりただちに撤回すべきなのである。

∇安重根をテロリストと規定する問題

最後に、直接に徴用工をはじめいま問題になっていることと直接には関係しないが、大事だと思う点を一つあげておく。今後、植民地支配を焦点として日韓の外交交渉がなされていくようになれば、日本の支配と韓国の独立運動をどう評価するかという微妙な問題も俎上にのぼってくる。そこで対応を誤ると振り出しに戻ることになりかねないので言及しておきたいのだ。

二〇一四年一月、韓国独立運動の英雄である安重根を記念する建物が、中国と韓国の協力により、中国東北部のハルビン駅に設置された。なぜハルビン駅かといえば、安重根が初代韓国総監であった伊藤博文を射殺した場所だったからである。

これに対して、日本外務省は電話で中国と韓国に抗議した。また翌日、菅官房長官が記者会見でその理由を説明したのだが、以下のようなものだった。韓国政府が反発したのはいうまでもない。

「菅氏は「安重根は初代首相を殺害し、死刑判決を受けたテロリストだ」と強調。「一方的な評価に基づき主張している韓国と中国が連携して国際的に展開するような動きは、地域の平和と協力の関係の構築に資するものではない」と批判した」（産経新聞一月二〇日）

安重根が首相を殺した罪で死刑判決を受けた人物であることは事実だ。しかしそれを現時点で「テロ」と認定し、ただただ批判の対象とするかは別の要素も加わる。

国家の指導者を殺すことは常識的には違法である。けれども、それが国家の指導者であればこそ、国家が大きな変革過程にあるとき、その常識は通用しなくなる。伊藤博文自身、江戸幕府を倒す運動に参加し、イギリス公使館の焼き討ちに加わったり、学者にすぎない塙忠宝と加藤甲次郎を暗殺したりもした。その時点では疑いもないテロ行為であって、明治維新で長州が権力の側についたから伊藤は「英雄」になったのであるが、そうでなければ今ごろ菅官房長官からもテロリストに認定されていただろう。

▽植民地独立運動は正当だという見地に立った解釈を

植民地独立運動を評価する場合も、そのような複眼的、歴史的視点が求められる。韓国にとっては英雄で、日本にとってはテロリストというだけではない。独立運動が正当なものであったという認識に立って論じないと、日本は世界で孤立することになりかねない。

例えば日本は、本書で何回も取り上げた植民地独立付与宣言に賛成しており、その宣言は、「人民が完全なる独立を達成する権利を、平和的かつ自由に行使しうるようにするため、かれらに向けられたすべての武力行為やあらゆる種類の抑圧手段を停止」することを求めている。安重根の行為が平和的なものにならなかったのは抑圧した側の責任だということである。

この問題は、六五年の日韓条約審議の際にも議論された。公明党の黒柳明氏が中村梅吉文部大臣に問いただしたのだ。そのやり取りを見てほしい（一九六五年一一月一九日、参議院本会議）。

「黒柳明　次に、文部大臣にお願いいたします。大臣は、朝鮮の植民地化というものが、日本側の軍隊による圧力もなしに、これに対する朝鮮民族の抵抗もなく、あくまでもお互いに対等に自由な意思で行なわれたとお考えになりますか。歴史的な事実を根拠にしてお答え願いたい。また、文部大臣は、一九六〇年十二月十四日の国連総会で、すでに日本政府も賛成している『植民地諸国、諸人民に対する独立付与に関する宣言』という現代の世界の良識に照らして、朝鮮民族の過去の独立運動は正当なものであったか、それとも不当なものであったかを、はっきりお答え願いたい。これは、日韓両国の次の時代を背負う子供たちの教育にも関係のある、きわめて重大な問題でございます」

「国務大臣（中村梅吉君）　私の見解を求められた点は二つあったかと思いますが、その一つのほうは、すでに総理、外務大臣からお答えがございました。……

次に、韓国における独立運動というものが正当と思うか不当と思うかと、こういう趣旨のお尋ねでございます。これは、見方によっては非常にいろんな問題があると思いますが、合併をされたり植民地化されたりしたところの地域の民族が、一つの民族意識として独立運動を起こす、あるいは独立運動をやるというようなことは、これは正当とか不当とかの問題ではなくして、常にあり得る、これは同然《ママ》発生的なものであると思います。そこで、昔日《せきじつ》の——その当時ならばいろんな考え方があったと思いますが、すでに今日では、一九六〇年の国連総会におきまして、『植民地諸国あるいは諸人民に対する独立賦与に関する宣言』というものが行なわれている。わが日本国もこれに対しては賛同をいたしておりますから、この国連の宣言の趣旨から見れば、韓国における独立運動というものは妥当なものであったと、こうわれわれは見るのが正しかろうと、かように私は考えております」

まだ植民地が多数残されていた六五年に、政府はこのような答弁ができたのである。植民地独立付与宣言が国際法としての不動の地位を獲得した現在、日本政府がどのような態度をとるべきかは明らかであろう。

（注1）しばしば「主権国家体制」とも言われる。欧州で戦われた「三〇年戦争」のあとの講和会議で成立したウェストファリア条約（六六か国が署名し、世界最初の近代的条約と言われている）にもとづいて成立した、国家の主権、内政不可侵の体制のこと。

（注2）国家が持てる力（軍事力のみならず経済力、政治力その他）すべてを動員して行う戦争のこと。一般に第一次大戦以降の戦争のことを指す。ドイツの軍人であるエーリヒ・ルーデンドルフが一九三五年に著した『総力戦』（Der totale Krieg, The total war）が言葉の起源とされる。

（注3）ビルマに七二〇億円、フィリピン一九八〇億円、インドネシアに八〇三億八八〇万

円、南ベトナムに一四〇億四〇〇〇万円を支払うことが条約で取り決められた。その合計は三六四三億四八八〇万円になる。

（注4）ドイツ連邦共和国（西ドイツ）が、ナチスが政権の座についた一九三三年から四五年まで、ユダヤ人に対して行った虐殺その他の非人道的行為に対する補償を決めた法律。戦争がまだ開始されていない三三年が起点となっていることからもわかるように、日本でイメージされる「戦後補償」とは異なり、あくまで国内におけるユダヤ人に対する犯罪を扱ったものである。

（注5）福岡に生まれ、幼少の時から父について炭鉱に入り、のちに坑夫となる。坑夫をやめて事務員となったあと、炭鉱の様子を炭や水彩で描くようになり、余白に説明文を加えて完成させた。一〇〇〇点以上の作品が残されている。

（注6）タイ（泰）のノーンプラードゥックからビルマ（緬甸）のタムビザヤまでの間約四一五キロメートルで、一九四二年から四三年にかけて日本軍がつくった鉄道。建設に従事した連合軍の捕虜などを虐待し、一万六〇〇〇人を死に至らしめたとして、責任者は戦後、裁判にかけられた。

（注7）東京都の砂川町（現、立川市の一部）にあった在日米軍基地の各町をめぐり、これに反対する人々の一部が基地内に立ち入ったことが、行政協定（現在の地位協定）に違反するとして起訴された事件の裁判。

あとがき

韓国大法院が徴用工の賠償請求権を認める判決を下したあと、日本国内では大きな論争が巻き起こった。筆者は、日韓関係には多少の関心を持ってきたが、司法のことには詳しくない。それでも議論に参加するためには判決を読むことが不可欠と考え、ウェブ上で公開されたものに目を通した。

率直な感想は、国内論争の多くは的外れだというものだった。例えば、朝鮮人が強制連行されたことを取り上げ「賠償は当然だ」という人もいれば、逆に「強制連行はなかったのだから賠償の必要はない」という人もいたが、判決文では強制連行を賠償の根拠にしていないどころか、「強制」の文字さえほとんどなかったのだ。要するに、論争に参加している人の多くは、判決が提示した新しい論点を知ることもなく、過去の知識、思い込みにもとづき持論を展開しているように思えた。

それよりも何よりも大法院判決を読んだ最大の驚きは、個人の請求権が残っているかどうかという抽象的な論理で構成されていなかったことだ。日本が過去に支払った三億ドルが「請求権、強制動員被害補償問題解決の性格の資金等が包括的に勘案されたと見なければならない」として、個人の請求権問題を「包括的に勘案」したものだと率直に認めていたことだ。事実上、請求権協定が想定する個人の請求権はすでに果たされたということだ。その上で、まったく新しい請求権の論理を導きだしていたのである。

ところが、徴用工を支援する側の人々の間でも、「国家が請求権を放棄しても個人の請求権は残っている」という、過去の常識的な論理の枠内で議論する人が多かった。新しい論理に気づいている人はいても、その新しい論理をどう評価して、どうしたら請求が認められるかの論理構築はされなかった。

この論理に立つとすると、解決には何十年もかかり、目の前の被害者が救済されないことになるからかもしれない。しかし、いま求められているのは、被害者を置き去りにしないことと根本的な解決に前進することとを両立させつつ、しかも日韓が合意し合えるという、離れ業のような課題への挑戦なのだと思う。

従来型という点は、政府にも共通している。政府は一貫して「韓国側が条約に反している」「その状態をまず是正すべきだ」として、韓国が態度を改めるまで、対話をみずから呼びかけようともしない。

しかし、韓国大法院の判決は、実は日本に対して深刻な問題を提起している。この判決は、「植民地支配は違法だった」「だから併合条約は当時から無効だった」とする論理に立ったもので、日本の条約解釈には背反しているが、韓国側の条約解釈には合致しているのだ。もし、韓国側の解釈が正しければ、大法院判決を受け入れざるを得なくなるということだ。

では日本は、韓国側の解釈を間違いだと言い切れるのか。それで韓国側を説得できるなら、一九六五年に問題は終わっていたのである。説得できないから、本書で明らかにした通り、日本はいつか問題になってしまうことを自覚しながら、条約解釈をあいまいにしておくことで、六五年の条約交渉を乗り切ったのだ。それがいま問題になっているのであり、ではどうするのかが日本にも問われているのである。

韓国側の条約解釈は、現在の国際法解釈から乖離しているので、日本はとりあえず堂々としていられる。けれども、韓国側の論理に対応し、新しい論理で対抗できないと、いずれほころびが出てくる可能性がある。

この問題をめぐって、お互いの側からの相手を批判する声は大きく、時間が経てばたつほど強くなっている。しかし、ではどうやったら解決するのかという提案は、どちらの側からも聞こえてこない。それを探るような議論も政治のレベルでは皆無だった。そこに危機感を覚えて取り組んだのが本書である。

ただしかし、筆者は楽観的である。なぜか。

他の地域の植民地問題は、独立に際して戦争が勃発し、何万、何十万という犠牲が双方に生まれ、ようやく解決していった。日本と韓国の場合、そういう体験をせずにあいまいに決着させたことが、現在の混乱につながっているわけだ。

けれども、視点を変えれば、日本と韓国は、他国の場合と異なり、戦争をしないで解決する条件を与えられているということである。それならば、「いつまで議論が続くのか」と辟易《へきえき》することなく、「どんなに時間がかかっても、血を流さない替わりの交渉だから大事だ」と歓迎するくらいの気持で、この問題に臨むべきではなかろうか。

来年は東京オリンピックの年である。韓国側からは、旭日旗《きょくじつき》の使用をめぐってすでに異議が唱えられており、対応を誤るとボイコット論が火を噴く可能性もある。福島県産の農産物の安全性や汚染水の処理など、歴史認識とは関係ない問題にまで拡散している論争が、さらに泥沼化していくことも予想される。それだけに、現在の時点で、問題の本筋である歴史認識問題について、解決への道筋をつけることが不可欠である。

筆者は韓国政治の専門家でもないし、近現代史に詳しいわけでもない。けれども、この問題を解決したいという意欲だけは誰にも負けないつもりだ。日韓関係の現状を憂う人々の中で、本書で提起したことが少しでも議論され、豊かになっていくことを心から願っている。

松竹伸幸（まつたけ・のぶゆき）

編集者・ジャーナリスト、日本平和学会会員（専門は日本外交論・安全保障論）、「自衛隊を活かす会」（代表＝柳澤協二）事務局長。1955年、長崎県生まれ。兵庫県立神戸高校卒、一橋大学社会学部卒。

主な著作に、『北朝鮮問題のジレンマを「戦略的虚構」で乗り越える』（あおぞら書房、2019年）、『「日本会議」史観の乗り越え方』（かもがわ出版、2016年）、『慰安婦問題をこれで終わらせる』（小学館、2015年）、『これならわかる日本の領土紛争』（大月書店、2011年）、『改憲的護憲論』（集英社新書、2017年）、『対米従属の謎』（平凡社新書、2017年）、『憲法九条の軍事戦略』（平凡社新書、2013年）など。

日韓が和解する日　両国が共に歩める道がある

2019年11月1日　第1刷発行

著　者　ⓒ松竹伸幸
発行者　竹村正治
発行所　株式会社　かもがわ出版
〒602-8119　京都市上京区堀川通出水西入
TEL 075-432-2868 FAX 075-432-2869
振替　01010-5-12436
ホームページ　http://www.kamogawa.co.jp
印刷所　シナノ書籍印刷株式会社

ISBN978-4-7803-1059-7　C0031